图书馆馆藏数字资源开发与管理

韩新月　陈月婷　许玉梅　李　丹　著

国家图书馆出版社

图书在版编目（CIP）数据

图书馆馆藏数字资源开发与管理/韩新月等著. --北京：国家图书馆出版社，2017.12（2018.11 重印）

ISBN 978 - 7 - 5013 - 6187 - 8

Ⅰ.①图…　Ⅱ.①韩…　Ⅲ.①数字图书馆—信息管理—研究 Ⅳ.①G250.7

中国版本图书馆 CIP 数据核字（2017）第 194220 号

书　　名	图书馆馆藏数字资源开发与管理	
著　　者	韩新月　陈月婷　许玉梅　李　丹　著	
责任编辑	金丽萍	
出　　版	国家图书馆出版社（100034　北京市西城区文津街 7 号） （原书目文献出版社　北京图书馆出版社）	
发　　行	010 - 66114536　66126153　66151313　66175620 66121706（传真）　66126156（门市部）	
E-mail	nlcpress@ nlc. cn（邮购）	
Website	www. nlcpress. com ——→投稿中心	
经　　销	新华书店	
印　　装	北京鲁汇荣彩印刷有限公司	
版　　次	2017 年 12 月第 1 版　2018 年 11 月第 2 次印刷	
开　　本	880 毫米×1230 毫米　1/32	
印　　张	6.375	
字　　数	160 千字	
书　　号	ISBN 978 - 7 - 5013 - 6187 - 8	
定　　价	48.00 元	

目　　录

前　言 ……………………………………………………………（ 1 ）

1　概述 ……………………………………………………………（ 1 ）

　1.1　馆藏数字资源的含义 ………………………………………（ 1 ）

　1.2　馆藏数字资源开发与管理的意义 …………………………（ 6 ）

　1.3　馆藏数字资源开发与管理的内容 …………………………（ 8 ）

　1.4　馆藏数字资源开发与管理的影响因素 ……………………（ 9 ）

　1.5　馆藏数字资源开发方式与流程 ……………………………（ 12 ）

2　馆藏数字资源开发环境分析 …………………………………（ 17 ）

　2.1　经济社会环境 ………………………………………………（ 17 ）

　2.2　国家法律政策及行业导向环境 ……………………………（ 20 ）

　2.3　信息技术环境 ………………………………………………（ 39 ）

　2.4　图书馆微观环境 ……………………………………………（ 43 ）

3　馆藏数字资源开发与管理规划 ………………………………（ 48 ）

　3.1　战略规划与项目规划 ………………………………………（ 48 ）

　3.2　规划的主要功能 ……………………………………………（ 52 ）

　3.3　制定规划的原则 ……………………………………………（ 54 ）

　3.4　制定规划的常用方法 ………………………………………（ 57 ）

　3.5　制定规划的一般流程 ………………………………………（ 62 ）

4　馆藏数字资源加工 ……………………………………………（ 74 ）

　4.1　资源加工 ……………………………………………………（ 74 ）

　4.2　数字资源加工的技术与标准 ………………………………（124）

　4.3　数字资源保存 ………………………………………………（136）

5　馆藏数字资源的组织与整合 …………………………………（142）

　5.1　数字资源组织方法 …………………………………………（142）

5.2　数字资源整合与揭示 ……………………………（149）

6　馆藏数字资源开发项目的运行与管理 …………（180）

6.1　项目的组织方式 …………………………………（180）

6.2　项目运行与管理 …………………………………（184）

6.3　其他相关事宜 ……………………………………（189）

结语 ……………………………………………………（191）

参考文献 ……………………………………………（195）

前　　言

图书馆承担着文化保存与传承的社会职能,蕴藏着丰富的信息资源。随着文化事业的繁荣发展,在国家法律政策、社会公众的文化产品需求以及现代信息技术的共同作用下,图书馆的馆藏资源开发与利用活动日渐活跃,在一定意义上成为图书馆积累资源、发展服务的新增长点。

图书馆进行馆藏开发的形式多种多样,从基本的编目整理,到实体馆藏资源的数字化加工,直至发展成功能丰富的数据库系统以及文化创意产品,无不体现了图书馆深入挖掘馆藏资源价值与深化服务的目标导向。在经济社会发展的新形势下,围绕馆藏数字资源开展的开发与管理活动是图书馆进行转型发展模式探索的重要方面。因此,有必要从理论和实践层面研究图书馆馆藏数字资源开发与管理的相关问题,研究开发与管理活动的内在规律,探索科学的开发管理方法,进而提高馆藏数字资源开发活动的整体水平,实现图书馆价值提升,推进图书馆事业与文化科学事业的健康有序发展。

本书运用理论与实践相结合的研究方法,在梳理馆藏数字资源开发与管理的范围与环境的基础上,以工作流程为主线,突出开发规划、数字资源加工、组织与整合等重点环节,分为六个部分:①界定馆藏数字资源的范围,探讨馆藏数字资源开发与管理的内容,分析其影响因素,并梳理常见的开发方式与一般开发流程;②研究馆藏数字资源的开发环境,包括经济社会环境、法律政策环境以及信息技术环境,为开发活动的规划与实践提供支持;③探讨馆藏数字资源开发与管理的规划问题,了解规划功能,明确规划原则,总结分析制定规划的常用方法,着重建立馆藏数字资源开发规划的一般流程;④落实馆藏数字资源加工实践问题,探讨数字资源加工技术、标准规范以及长期保存的理论与实践问题,并分析加工实例;⑤研究馆藏数字资源的组织与整合,梳理适用于馆藏数字资源开发的资源组织方法,分析资源整合思路与整合方式,同时,也介绍了若干资源揭示与整合的实例;⑥着眼于馆藏数字资源开发与管理活动的宏观层面,研究开发项目的运行与管理问题,分析开发项目的组织方式以及各个主要环节的管理要点。此外,本书也对图书馆馆藏数字资源开发与管理活动的未来发展做了一定的前瞻性分析,以期对图书馆当前以及未来的实践工作有所裨益。

本书作者来自图书馆工作一线,参与了多项馆藏数字资源开发与管理工作。本书的内容建立在研究团队共同讨论与合作研究的基础上,韩新月负责统稿、校对以及修订和增补相关内容,并独立完成第2章、第3章及结语部分的撰写;李丹负责撰写第1章、第6章,陈月婷负责撰写第4章,许玉梅负责撰写第5章。特别感谢本项目发起人李晓明主任对本书研究思路与结构框架的定位。国家图书馆出版社对本书出版给予了帮助和支持,在此致以诚挚的谢意!此外,本书的写作参考和引用了大量专家学者、业界同仁的研究成果,在此一并致谢。

由于经济社会环境与文化事业不断发展变化,与图书馆馆藏数字资源开发与管理密切相关的理论、方法与技术都处于快速发展之中,加之作者本身学识水平有限,本书的研究内容难免有所疏漏和谬误,敬请专家学者和读者批评指正。

作者
2017 年 5 月

1　概述

1.1　馆藏数字资源的含义

1.1.1　馆藏数字资源概念

随着信息技术的发展,除了常见的以纸质为载体的信息资源外,以计算机、网络为载体的数字化信息资源迅速增长。关于资源类型描述和界定也不一而足,例如,"电子资源"(electronic resources)、"网络信息资源"(networked information resources)、"虚拟资源"(virtual resources)、"联机信息资源"(online information resources)、"数字资源"(digital resources)等,均是在理论研究和实践应用中常见的概念,其中,"数字资源"是我国图书馆界应用广泛的一个专业术语,关于其概念定义存在多种观点。一般认为,数字资源是指整个生命周期中要不断地结合计算机媒介形式的信息资源,它们是以数字化形式记录的,以多种媒体形式表达的,分布式存储在非纸质的光、电、磁等载体上的,并通过网络通信、计算机终端的方式传递和再现的信息资源的集合①。数字资源与传统资源根本的不同在于存储介质,进而导致传播途径和读取方式的不同。

对于图书馆而言,馆藏数字资源是指图书馆馆藏中所有的数字资源,包括图书馆本地拥有的和获得一定期限使用权的数据库和数字文献②。图书馆可通过购买、许可授权、受缴、捐赠、交换、数字化、网络信

---

① 毕强,陈晓美等.数字资源建设与管理[M].北京:科学出版社:2010:5—6.
② 吕淑萍,罗云川.图书馆数字资源统计标准和应用指南[M].北京:国家图书馆出版社,2010:5.

息采集等方式获取馆藏数字资源,但通过图书馆网站上所设置链接而访问的馆外资源,在图书馆没有通过合法的协议(如法定呈缴权)、许可、其他合约或者合作协议来确保图书馆读者使用权的情况下,是不能作为馆藏数字资源的。通过不同方式建设的馆藏数字资源具有不同的特性,表现在资源内容、使用权限等多个方面,本书重点研究的是图书馆通过数字化、网络信息资源采集等方式自主建设的馆藏数字资源的开发与管理。

1.1.2　馆藏数字资源的特点

与传统文献类型相比,数字资源虽然出现时间较晚,但发展非常迅速,在资源形式、来源、存储等方面都与传统资源存在显著的差异,这些差异成为图书馆进行馆藏数字资源开发与管理的重要基础。

(1)数字资源类型丰富,格式多样。馆藏数字资源涵盖电子图书、电子期刊、电子报纸、数据库、音视频资源、网络信息资源等多种类型。从资源来源的角度看,既包括传统文献的数字化,也包括各种类型的原生数字资源,同时还涉及通过特殊形式可利用的其他虚拟馆藏。这些数字资源分布在不同的应用系统中,不但表现形态不同,而且组织方式各异,呈现出多元化资源并存的特征。从资源格式的角度看,数字资源更是丰富多彩,除了传统的关系数据库记录以外,纯文本、Web网页、文档、图像及音频、视频等都是常见的格式,同一种资源的多种格式同时并存的情况更是普遍存在。

(2)与传统文献密切相关。我国图书馆界从 20 世纪 90 年代逐步开展数字化建设,近年来不断通过多种途径进行馆藏数字资源开发与建设工作,其中,基于本馆已有传统资源和特色资源而建设的数字资源是一种重要的方式。通过数字化方式建设的这些数字资源在内容上却与图书馆馆藏的传统资源密切相关。

(3)长期保存困难。传统文献由于资源应用方式相对简单,图书馆主要关注与保存相关的物理环境即可,而数字资源的长期保存涉及更多的问题。数字资源一般存储于特殊介质,并且对存取设备有一定要求,使一些数字资源需要与特定的软件相结合才能读取,实际上关系到一个完整的技术体系,因而增加了保存难度。此外,数字资源长期保存通常与知识产权密切相关,特别是存档权、存储管理权和服务权①,使长期保存问题的复杂性超出了纯粹的技术领域。

1.1.3　馆藏数字资源的类型

数字资源类型多样,常见的类型有:

(1)从数据的组织形式上看,数字资源包括数据库、电子期刊、电子图书、网页、多媒体资料等。

(2)从存储介质上看,数字资源可分为磁介质和光介质两种类型。其中,磁介质包括软盘、硬盘、磁盘阵列、活动硬盘、U 盘、磁带等类型;光介质包括 CD、DVD、LD 等类型。图书馆常用的数字资源存储介质为硬盘、磁盘阵列、磁带及 CD、DVD、LD 等。

(3)从资源提供者来看,数字资源可分为商业化的数字资源和非商业化的数字资源。前者包括数据库商、出版商和其他机构以商业化方式提供的各种电子资源,如 Elsevier 公司的 SDOS、EBSCO 公司的 Academic Source Premier、中国期刊网等数据库,图书馆需要支付一定的费用后才能提供给一定的读者群,或者读者个人通过读书卡和其他方式购买数据库的使用权。这些数字资源内容丰富、数据量大,是目前图书馆馆藏资源建设中的重要内容。后者主要指机构自建的特色资源库、开放获取资源、机构典藏和其他免费的网络资源,这些资源或者由图书馆自行建设,或者可以从网络上免费获取。当然,图书馆特色资源库在建成之后也可以以商业化方式进行运作,此时,对其他图书馆而言,可以称之为商业化数字资源。

(4)从资源的使用方式上看,数字资源可划分为三大主要类型:一是互联网方式,即需要通过远程连接或网络连接进行访问,主要是指

---

① 宛玲,张晓林.数字资源长期保存过程中的知识产权问题分析[J].中国图书馆学报,2005,31(3):65—69.

存储在非本地计算机上的数据库需要通过互联网并使用账号或指定 IP 段等方式进行远程访问检索等操作,这种方式又被称作网上包库模式;二是局域网方式,即通过本机构内部局域网进行访问检索,它主要指的是数据库系统安装在图书馆的网络服务器上,多用户可同时在图书馆局域网上利用数据,这种方式又被称作镜像站点模式;三是光盘检索方式,即购买的数据库以光盘为存储方式,在使用时需通过光盘才能进行检索。随着信息技术的发展,网络实现了信息表达和传输的质的飞跃,光盘检索方式逐渐被互联网方式和镜像站检索方式所取代。

(5)从资源的分布区域上看,图书馆数字资源可划分为两类:一是现实馆藏部分,即在地理位置归属于本地馆藏,是由图书馆自身采集、收藏、整理的数字资源,储存在本馆服务器中,数据所有权归本馆,图书馆具有利用、支配、更新、修改等权利,这一类型的数字资源包括图书馆自建或购买的安装在本地服务器上的各种类型的数据库;二是虚拟馆藏部分,是指通过计算机系统和通信设备在互联网上共享的馆外数字资源,即通过互联网获取只有使用权的数字资源,包括购买或租赁使用的远地数据库和本地服务器实现了连接的网络信息资源。对一个图书馆来说,只要拥有一台与网络相连的计算机,那么网络上所有的信息资源都有可能成为该图书馆馆藏资源。因此,理论上图书馆的虚拟馆藏十分巨大,除本馆现实馆藏以外,整个因特网上的数字资源都可以作为其虚拟馆藏。实际上,现实馆藏和虚拟馆藏的概念是相对的,本馆的现实馆藏,可能同时就是其他馆的虚拟馆藏。

1.1.4　馆藏数字资源开发与管理

随着数字资源成为图书馆资源建设的重要内容,越来越多的图书馆开始以不同形式开展馆藏数字资源开发与管理活动,也取得了丰富的成果。本书在开展相关讨论之前,首先明确界定馆藏数字资源开发与管理的范围,并分析图书馆开展馆藏数字资源开发与管理的优势所在。

1. 馆藏数字资源开发与管理的含义

馆藏数字资源开发是指对纳入馆藏范围的各类型、文种和载体的馆藏数字资源所含价值进行挖掘，通过多种形式提供给用户，实现资源保护与增值，提升利用价值。馆藏数字资源管理是指对数字资源的采集、加工、发布、服务、存储等生命周期各个环节进行的规划、组织、协调等业务的总称。

(1) 自建数字资源管理

自建数字资源包括馆藏文献数字化、本馆原生数字资源及本馆采集的网络信息资源。自建数字资源可由本馆自主加工完成，也可以外包形式由其他机构完成。自建数字资源建设的各个环节必须严格遵守资源建设标准规范，对尚无相应加工规范的资源，可采取测试数据实验、方法总结、制定规范、批量建设的方法执行。

(2) 引进数字资源管理

引进数字资源是指通过各种方式从本馆以外的权利人(包括团体和个人)处获得使用权或保存权的数字资源，不包括利用本馆网络可以无限制获取的免费网络资源。

数字资源引进方式包括购买、许可授权、受赠、受缴、交换等。对不同类型的数字资源，应选择适宜的引进方式。

数字资源引进工作包括组织试用、实施引进、联系开通、采访信息动态维护、综合评估、统计分析、相关资料的归档和保存等。

(3) 合作建设数字资源管理

合作建设数字资源是指本馆与国内外相关机构联合建设的数字资源。

2. 图书馆馆藏数字资源开发与管理优势

图书馆作为各种类型文献资源的收藏与服务机构，根据数字资源的特点而进行有针对性的开发活动，其优势是显而易见的。

(1) 随着图书馆文献资源的不断累积，图书馆馆藏空间变得越来越拥挤，而数字资源载体的存贮量大、体积小，开发数字形式的馆藏能够节约大量的图书馆空间，尤其有利于保护一些珍本、善本、古籍和历史文物等文献资料。

（2）传统文献资源受到物理载体流通的限制，共享范围有限，而数字资源传递距离远、速度快，容易实现大范围共享。数字资源的获取在形式上不受时间、区域的限制，在版权允许的情况下，用户只要有一台计算机与数字图书馆相关的网络连接，就不必亲临图书馆，可在任何时间、地区自由地浏览、查询、检索、存取、利用网上的数字资源，而且不受数量、时间限制，也不受人为因素的影响。

（3）图书馆拥有海量文献资源，对这些资源的组织与检索是图书馆资源建设工作的重中之重。数字资源可具备强大的组织和检索功能。经过科学合理组织的数字资源能够实现多维度检索，检索点甚至可以包括图像、声音等形式的信息，与传统文献资源相比具有明显优势。数字资源不但便于图书馆对海量文献资料进行组织，同时也有利于用户进行检索和查询，提高图书馆资源的利用效率。

（4）数字资源独有的特性决定了其具备较好的共建共享条件，图书馆可以灵活运用本馆范围外的各项资源，探索和实践多种建设模式，实现本馆资源建设和服务能力的提升。

1.2 馆藏数字资源开发与管理的意义

1.2.1 保护与补充传统馆藏

对于受到损伤的原始文献，其数字拷贝可以起到补偿原件的作用。例如，图书馆馆藏的纸质脆化的文献、脆弱的发黄褪色照片等文献，均可以通过转换成数字文献，从而对原件进行限制性使用。同时，避免或减少用户直接使用原件，将原件存放在适宜保存的环境中，达到既保护原件，又便于利用的目的。对于一些珍贵文献，将其数字化拷贝后提供利用，还可减少或避免原件丢失，并扩大其利用范围。

不但如此，数字化方式还可以改善和提升原始文献的使用条件。例如，在数字化过程中使用一些方法增加原始文献的信息，或通过消除文献上外来的污迹、斑痕等改善、恢复原始文献。通过这些处理,使原始文献包含的信息更加丰富,显示的效果更好,便于用户查找、检索、研究与处理资料。例如,转换成文本格式的文献,更有利于用户以自然语言进行全文检索与快速存取。

毫无疑问,文献数字化可以产生相对原始文献而言可靠而功能性更强的数字资料,支持新型研究或扩大研究。例如,对象文献数字化后的影像可以支持长达几分钟的定格观察,数字化后的图像资源支持用户利用软件放大功能在屏幕上仔细地鉴别图片,某些图像还可以在高解像力下仔细观察,以利于资源的发现、比较与鉴别。以手稿资源开发为例,原始手稿字迹的辨别一般较为困难,而对手稿扫描并经图像数字放大后,文字研究者便可以在屏幕上更仔细地考察作者笔迹以及研究文献内容。扫描后的手稿,经图像放大后,甚至可以分辨出文字的重叠部分。

1.2.2 提高图书馆管理效率

在网络环境下,建设开发数字资源实际上也是提高图书馆管理效率的手段之一。一是图书馆能够借助自动化管理工具,方便地进行文献资源建设和提供文献信息服务,不仅可以减少管理原始文献、存取原始文献的成本,而且建设和服务的速度快、效率高;二是将传统文献转化为功能强大的数字资源,不仅可以提升文献存取的功能,而且不再受到文献物理载体流通形式上的限制,有利于提高资源利用率;三是通过数字化馆藏、网络化链接的建设,用户在合理范围内可能克服文献利用时间和空间上的限制,使馆藏文献得到更广泛、更深层的开发利用,更好地满足用户多方位、多功能、多层次的需求;四是有利于实现和深化资源共享,资源共享是当前图书馆文献信息建设与服务的重要模式,数字资源具备实现更大范围、更高效率共享的基本条件。

1.2.3 促进图书馆建设与服务

馆藏数字资源开发与管理是一项艰巨而有意义的任务,随着馆藏数字资源建设的不断深入,一方面,图书馆的服务对象将大幅增加,服务方式将更加多样化,服务范围将更加广泛,在很大程度上将改变图书馆的服务模式;另一方面,图书馆在资源开发过程中,通过对资源的分析、加工、组织与整合,直接参与数字资源内容建设环节,打破了在传统文献时代图书馆主要参与资源利用环节的格局,直接影响图书馆的战略发展方向,大大推动了图书馆建设模式的转变和创新。不仅如此,在互联网索引系统和搜索引擎技术迅速发展的时代背景下,数字出版如火如荼开展起来,图书馆需要重视馆藏数字资源的开发与管理,依靠自身服务模式和建设模式的转变与创新,在未来知识服务领域中赢得一席之地。

1.3 馆藏数字资源开发与管理的内容

1.3.1 馆藏资源数字化

馆藏资源数字化是图书馆自主开发数据库的基础,也是图书馆数字资源建设的重要内容。目前,全国已有许多图书馆相继开展大规模馆藏资源数字化建设,常见的数字化内容包括古籍资源、民国文献、普通中文图书以及各类馆藏特色资源,图书馆一般将完成加工的数字化全文资料和书目数据上网供读者检索和浏览。

1.3.2 数据库建设

数据库建设是图书馆数字资源建设的核心内容。数据库主要分为自建数据库和购买数据库两部分。图书馆自建数据库主要有书目数据库、特色数据库、专题数据库等。最基本的是书目数据库,将馆藏数字资源纳入 OPAC 目录范围,实现了文献管理和检索的自动化,为读者网上查询创造条件。特色数据库是图书馆数据库建设的重点,也是图书馆充分展示其个性,提高其信息服务竞争力的重要途径,主要类型包括馆藏特色数据库、学科特色数据库、学位论文数据库、地域特色数据库等。目前,许多图书馆都已建成自己的特色数据库,多数图书馆已为读者提供查询和浏览服务。外购数据库也是图书馆馆藏数字资源建设的重要组成部分,各种商业数据库的主要特点是包含大量的学术资源,利用方便,能够满足读者对专业化信息资源的需求,为读者提供全面、方便和快捷的服务。

1.3.3　网络数字资源开发

因特网信息资源极为丰富,图书馆对它进行开发组织,就可以使这些分布在全球的网络信息资源成为本馆的虚拟馆藏。近年来,利用一些专用软件和技术对原生性网络信息资源进行开发利用已经成为一些图书馆数字资源建设的重要内容。这种开发和组织是根据用户的需求与图书馆资源建设的需要,搜索、选择、挖掘因特网中的信息资源,以一定方式下载到本馆或本地网络之中,经过分类、标引、组织,通过网络或其他方式提供给用户使用,或者链接到图书馆的网页上。由于虚拟馆藏汇集了全球范围内有关专业的信息资源,使图书馆和各类信息机构不仅有丰富的资源保障,而且为扩展其服务功能创造了条件。

网络信息资源开发的主要形式包括学科信息门户、开放获取资源建设、网络信息资源采集等。相对而言,网络信息资源涉及的内容范围比较广泛,也就意味着图书馆具有较大的选择范围,在建设过程中,图书馆需要根据本馆的读者需求与建设条件,选择适当的建设方向以及内容组织方法,以最终形成有别于一般互联网信息的特色化资源。

1.4　馆藏数字资源开发与管理的影响因素

1.4.1　文献资源建设需求

馆藏数字资源开发与管理受到诸多要素的影响,而文献资源建设需求是图书馆进行数字资源开发与管理最为密切的要素。如果目标读者群不支持使用该文献资源,或者不愿意使用该文献资源的某项功能,那么对其进行数字化形式的开发与建设的必要性评估就要受到影响。另外必须考虑的问题是,图书馆计划进行的数字资源开发项目是否与本馆的馆藏发展与建设政策保持一致,该项数字资源开发工作在当地、国家乃至世界范围的数字资源开发建设中处于何种地位,审慎评估开发项目的必要性和可行性。因此,在选择数字资源开发对象时应参考其他图书馆或国际国内已有的相关数字资源建设规划与项目经验,结合本馆文献资源建设需求制定详细的开发规划方案。

1.4.2 标准化建设

馆藏数字资源开发与管理是一项复杂的系统工程,涉及硬件基础平台、应用软件系统、信息资源建设等多个方面。标准规范作为馆藏数字资源建设的基础,是开发利用与共建共享资源的基本保障,是保证数字资源在整个数字信息环境中可利用、可互操作和可持续发展的基础。因此,在数字资源开发与管理中,应确保开发与建设的标准化。一些主要的数字图书馆建设项目中都建立了一系列的标准规范或指南性文件以指导和规范数字资源建设与服务。如我国开展的"国家数字图书馆工程"、美国国会图书馆开展的"美国记忆"项目等,ISO、NISO、W3C 等一些国际性标准化组织也致力于数字资源建设标准规范的发展,涉及元数据与对象数据描述、资源组织、资源服务、资源保存等各个方面。关于开放获取资源、新媒体资源等的标准规范也逐渐出台,这些标准规范广泛应用于数字资源建设与服务中,逐渐形成数字图书馆建设的主流标准。尽管数字资源加工与建设的标准规范也在不断地随技术发展而调整,但标准规范的意义在于它必定可以在相当长的时间内保证用户对该数字资源的广泛存取,是影响图书馆馆藏数字资源开发与管理的重要因素。

1.4.3 规范化管理

要使馆藏数字资源开发建设达到预定目标与要求,图书馆必须对有关的管理因素进行周密考虑。首先,馆藏数字资源开发建设需要充分的资金投入,图书馆可通过财政拨款、自筹或者合作的方式获得资金支持,无论通过何种渠道获得资金,都需要制定科学合理的预算计划并建立严格的资金使用管理制度,才能确保开发建设工作顺利开展。其次,进行数字资源开发建设时还必须对待开发资源的版权情况有充分了解,版权情况直接影响到资源开发完成后的发布利用状态,对于需要付费获得版权使用权的资源,图书馆在开发过程中还必须考虑资源存取政策与控制措施、费用机制与支付程序等。此外,对数字资源开发全流程的管理也是至关重要的,特别是涉及文献与数据的流转、开发步骤的衔接、责任与权利的划分等,必须建立相应的管理制度以实现规范化管理,对开发建设过程中可能出现的问题也应事先预测和研究,并提出风险应对方案。

1.4.4 开发效益评价

馆藏数字资源开发的实际效果是影响资源使用以及长期持续建设的重要因素,因此,在馆藏数字资源开发与建设问题上,图书馆应重视效益评价工作,研究馆藏数字资源开发的各项投入是否可与取得的效益相平衡,以证明该项馆藏数字资源开发的合理性,并为未来的开发建设计划提供参考依据。当然,所谓的"效益"不仅仅包括经济效益,资源的建设与利用所产生的社会效益也应成为重点考虑的内容。从另一个角度看,馆藏数字资源所产生的直接效益与间接效益都是图书馆进行研究与评价的内容,对于很多资源建设项目而言,其所带来的长期效益往往并不明显,极易被评价者所忽视,在实际评价中需要全面发现并采集相关要素,采用科学有效的方法进行综合评价。在实际操作中,图书馆馆藏资源评价与资源建设效益评价都是十分困难的,但又是极为必要的,应成为图书馆资源建设中重点考虑的问题。

1.5 馆藏数字资源开发方式与流程

深入了解数字资源开发方式,掌握开发建设的一般流程,是科学合理开展规划的基本前提。数字资源的开发实际上也是一项多方面的协调工作,对外涉及与提供资源、技术、设备或资金的上下游合作单位的沟通协调,对内则需要充分考虑本馆相关工作流程以及人员的合理配置与调度问题。

1.5.1 常见数字资源开发方式

图书馆收藏的文献资源种类丰富,按照资源载体的不同,一般可划分为五类:

(1)以纸基为代表的二维平面反射类视觉物体,如图书、报刊、期刊、照片、图片等;

(2)以胶片为代表的二维平面透射类视觉物体,如胶片、胶卷、缩微平片等;

(3)以实物所代表的三维立体视觉物体,如竹简、金石玉器、生物标本等;

(4)音像视听产品,如唱片、录音带、录像带等;

(5)可以通过网络进行传输、检索和访问,最终通过计算机阅读的数字信息,包括图文音像等多媒体信息。

上述第一至第四种资源在图书馆界一般被称为传统资源,第五种资源则被称为数字资源。对于大多数图书馆而言,传统资源构成了目前图书馆馆藏的主要内容,而用户以新技术手段利用传统资源的需求日益强烈,因此,目前图书馆数字资源开发的对象主要是馆藏中的传统资源。随着资源生产形态的发展变化,对原生性数字资源的加工与整合逐渐在图书馆得到发展和推广。

图书馆自建数字资源具有广泛的发展空间,一般选择通过文献数字化、网络信息资源采集、建设专题导航等手段完成馆藏数字资源建设,常见的自建方式主要是自主建设、合作建设或联合建设。

(1)自主建设数字资源。自主建设是指图书馆依托本馆的资源、技术与人员条件,独立完成数字资源开发与建设全流程的一种资源建设模式,这是大多数图书馆在开展特色馆藏开发建设中最主要采用的方式,适用于资源类型集中、规模较小或中等、平台建设相对简单的资源开发项目。当然,自主建设并不排除图书馆以委托开发的形式进行建设,即通常所称的"外包"工作模式。当以"外包"模式开展馆藏数字资源开发与建设工作时,图书馆必须处理好两个关键问题:一是厘清委托关系,明确建设成果以及相关知识产权的归属;二是处理好委托业务的管理工作,严格控制资源建设质量。

(2)合作/联合建设数字资源。合作建设或联合建设是指图书馆与馆外其他机构基于双方的资源、技术、设备、人员、服务等各种条件,共同开发与建设数字资源,并按照一定方式共享建设成果的一种资源建设模式。随着网络技术的发展,图书馆"共建共享"的理念逐步得到深化发展,合作建设和联合建设模式应用日益广泛,各类型图书馆联盟对合作和联合建设模式的发展起到了重要的推动作用。CALIS 自"十五"期间启动专题特色数据库子项目的建设工作,联合全国高校图书馆建设特色数据库群,至今已进行三期项目建设工作,其中不乏合作建设的优秀成果,例如,其三期建设成果"音乐艺术院校特色资源共享平台",是由天津音乐学院图书馆主持建设,并由全国其他 8 所音乐院校承建共同合作完成的,精选参与建设各校的特色资源汇集而成,内容包括各类音视频、电子书、图片、文档资源等①。国家图书馆自2010 年起,以数字资源征集的方式开展了联合建设探索,并将通过数字图书馆推广工程不断加大数字资源联合共建的深度和广度,目前已经通过征集建设了十余万种数字资源。

---

① 平台介绍 [EB/OL]. [2015 – 11 – 07]. http://211. 68. 196. 68/tpi/Default. aspx.

1.5.2　数字资源开发一般流程

馆藏数字资源的开发应遵循一定的开发流程,以确保数字资源建设的连续性、稳定性和规范性。

(1)环境分析。图书馆内部和外部环境中的各项要素对其馆藏数字资源开发活动有着直接或间接的影响,环境分析应当成为图书馆开展馆藏数字资源开发的首要环节。在进行开发活动的各项规划之前,首先要明确图书馆所处的环境和自身的定位,通过科学调研和周密研究,分析本馆所进行的开发工作的可行性和必要性,具体明确地指出开发工作是否符合当前经济与社会环境的发展要求、是否已经具备相应的政策法规支持、用户对于拟开发资源的需求程度以及所开发资源对用户需求的满足程度等,同时,对于本馆是否具备开发建设所需的人力、物力、财力条件也应当予以明确。

(2)制定规划。对于任何一项馆藏资源开发工作,在开展具体建设工作之前,制定指导统领全局的规划无疑是至关重要的。无论是制定战略规划,还是项目执行规划,都应按照一定的原则进行,通过科学合理的方法,提高规划的水平,只有在规划中针对数字资源的建设主题、建设目标、建设方式、标准规范、建设流程等关键内容提出发展思路,才能使规划具备较强引领和指导作用。

(3)收集与遴选资源。按照规划所确定的建设主题,在充分了解和掌握相关文献资源出版发行、分布与收藏情况的基础上,图书馆应重视拓宽资源收集途径,采用多种收集方法,除通过购买、许可授权等常用方式收集以外,图书馆还可争取通过捐赠、征集、收缴、交换等方式免费获得资源;同时,对于符合建设目标的有价值资源和珍贵资源,图书馆可考虑建立适当的经济补偿机制。以开发地方志资源为例,为了弥补馆藏地方志资源的有限性和不完整性,不仅需要与地方志办公室、档案馆等文化机构保持密切联系,同时也应重视相关研究者采集线索,并通过民间收藏家采集资料。在收集资源的过程中,了解和挖掘所收集资源的价值,需要图书馆员具备深厚的知识背景,保持高度的职业敏锐性,根据规划中提出的建设目标和功能要求,制定内容甄别与遴选标准,不但要从资源内容角度分析资源的特色性、可用性、完整性以及使用价值,同时还要重视对所采集资源的版权情况进行分析和甄别,在著作权法相关法律规定的范畴内利用资源,对未授权或者版权不明晰的资源应以妥当方式保管和使用。

(4)准备建设环境。为保证馆藏数字资源开发工作能够有序完成,正式开展开发建设之前,图书馆应完成一系列的综合准备工作。首要工作就是根据开发工作规划的要求搭建软硬件环境,并调配项目组织与管理人员,进行开发建设人员培训,确保经费能够及时拨付到位,针对项目管理、资源遴选、数据加工与组织工作制定相应的工作规范,并制订开发过程中的馆藏实体文献保护方案,特别是针对善本古籍、特藏以及孤本文献需要采用严格的保护措施。同时,对于在开发建设中可能出现的问题,也应提出相应的风险预案。

(5)资源加工。按照开发建设规划开展资源加工工作是形成馆藏数字资源的关键步骤。在开展加工时,图书馆宜针对不同类型的馆藏文献采用不同的加工方式,按照相应的标准规范开展建设和验收。同时,随着移动设备、数字电视等多种新型终端在图书馆应用的推广,图书馆应遵循"一次加工,多次利用"的原则,根据资源发布服务需求,重视适用于各种发布渠道的不同格式数字资源的同步加工建设,并对加工过程进行严格管理。

(6)资源组织与整合。资源组织与整合是馆藏数字资源开发建设的重要内容,是结合馆藏数字资源开发概要设计和详细设计提出的功能要求对加工完成的数字资源进行有序组织的过程。资源组织与整合的基本前提是明确所开发资源在本馆资源体系中的定位,与本馆资源体系中的其他各类型资源建立多维度的关联关系,以利于在统一资源平台上开展资源展整合服务。

(7)保存与服务。在大力发展馆藏数字资源开发的过程中,必须重视数字资源的保存管理与服务问题。在馆藏数字资源开发规划中,必须从战略的高度考虑资源的长期保存与服务策略,通过一定的技术手段和管理机制,保证数字资源的原始性和真实性,建立经济的、可靠的保存保护方式,确保数字资源在长期保存以及服务过程中的安全性和有效性。

(8)绩效评估。馆藏数字资源开发的绩效评估,实际上就是从馆藏数字资源运行效果的角度出发来衡量和测度图书馆开发与建设的过程,其涉及众多因素和环节,是一项十分复杂而又极其重要的工作。通过绩效评估实现对馆藏数字资源体系以及开发过程的全面检测,反馈相关信息,从而为控制开发与建设过程和图书馆进行科学决策提供客观依据。绩效评估涉及开发建设过程和建设成果两个主要方面,核心评价要素包括所开发馆藏数字资源的数量评价、质量评价、资源建设效能评价以及开发项目管理评价,图书馆可借助国内外已有的评价工具和评价模型,综合采用统计分析、专家评估、用户调研等多种评价方法,客观、准确进行测度与评估。

2 馆藏数字资源开发环境分析

　　图书馆属于社会信息基础设施,其发展依赖于社会经济、国家政策、文化和信息环境的发展,同时,图书馆的发展也对环境产生了重要影响。与图书馆相关的环境包括外部环境和内部环境。外部环境主要是指经济环境、文化环境、技术环境等;内部环境主要是指图书馆行业发展以及图书馆资源、用户、服务等。外部环境和内部环境的各项要素或直接或间接地作用于图书馆的馆藏数字资源开发活动,因此,环境定位是很多图书馆制定规划的核心内容,实质是图书馆对其所处系统的理解,即对整个图书馆系统中与其发展和生存相关因素的理解①。图书馆只有充分理解所处的环境,才能明确自身的目标定位,进而更好地指导馆藏数字资源开发与管理活动。

2.1　经济社会环境

　　就一般意义而言,图书馆是依赖社会支持的公益性事业。近年来,我国良好的经济发展势头为图书馆事业带来了积极的影响,特别是反映在经费投入方面。2016 年全年全国文化事业费 770. 69 亿元,比上年增加 87. 72 亿元,增长 12. 8% ;全国人均文化事业费 55. 74 元,比上年增加 6. 06 元,增长 12. 2%②。文化事业发展投入不断加大,推

---

　　①　金瑛,姜晓曦. 国外图书馆关于环境定位和发展目标定位的战略分析[J]. 图书馆建设,2009(10):97—102.

　　②　中华人民共和国文化部 2016 年文化发展统计公报[EB/OL]. [2017 - 05 - 18]. http://www. ndcnc. gov. cn/zixun/yaowen/201705/t20170515_1326768. htm.

动了图书馆的基础设施条件不断改善,馆藏量逐年提升。2016 年,全国共有公共图书馆 3153 个,图书总藏量 90163 万册,增长 7.5%;电子图书 88798 万册,增长 6.9%;计算机 21.16 万台,供读者使用的电子阅览终端 13.49 万台,增长 6.5%①。2015 年全国教育经费总投入为 36129.19 亿元,比上年增长 10.13%;全国公共财政教育支出、各级教育生均公共财政预算教育事业费支出以及公用经费支出均呈现大幅增长②;2015 年教育部新修订的《普通高等学校图书馆规程》规定,高等学校要把图书馆的经费列入学校预算,并根据发展需要逐年增加,图书馆的文献信息资源购置费应与学校教学和科学研究的需要相适应,馆藏文献信息资源总量和纸质文献信息资源的年购置量应不低于国家有关规定③。这些数据表明,当前,以公共图书馆和高校图书馆为代表的我国图书馆系统发展建立在较好的经济基础之上,经费保障水平优于以往的发展阶段。

经济的发展不但为图书馆提供了有力的经费保障,同时也对图书馆的资源建设与服务能力提出了更高的要求,这一点在科技、文化和社会生活各个领域都有所表现。一方面,随着经济快速发展和国家经济实力的增强,科学技术研究领域的经济投入不断加大。2016 年,全年研究与试验发展(R&D)经费支出 15500 亿元,比上年增长 9.4%,其中基础研究经费 798 亿元,全年国家重点研发计划共安排 42 个重点专项 1163 个科技项目,国家科技重大专项共安排 224 个课题,国家

---

① 中华人民共和国文化部 2016 年文化发展统计公报[EB/OL].[2017 - 05 - 18].http://www.ndcnc.gov.cn/zixun/yaowen/201705/t20170515_1326768.htm.

② 教育部、国家统计局、财政部关于 2015 年全国教育经费执行情况统计公告[EB/OL].[2017 - 05 - 18].http://www.moe.gov.cn/srcsite/A05/s3040/201611/t20161110_288422.html.

③ 普通高等学校图书馆规程[EB/OL].[2017 - 05 - 18].http://www.moe.edu.cn/srcsite/A08/moe_736/s3886/201601/t20160120_228487.html.

自然科学基金共资助 41184 个项目①。图书馆是科技事业发展的重要支撑,科学技术的发展不但直接影响图书馆的技术基础和服务模式,同时也对图书馆支撑作用提出了更高的要求,图书馆资源保障水平不断提高,学科服务与嵌入式服务不断深化。另一方面,我国居民收入水平也不断提高,2016 年全年全国居民人均可支配收入 23821 元,比上年增长 8.4%;全国居民人均消费支出 17111 元,比上年增长 8.9%,其中,教育文化娱乐支出 1915 元,比上年增长 11.2%②。人民群众对知识与文化消费的需求日益强烈。随着家庭经济收入的增加和生活水平的提高,普通群众针对知识文化消费的投资也将增加,对图书馆信息资源的需求呈现上升趋势。

国家经济快速发展和经济实力增强的另一个潜在影响来自于政府管理层面。经济体制转轨进一步促进政府转型,图书馆事业发展也因此而受益③。市场经济下的政府是一种"公共服务型政府",图书馆服务作为公共产品提供得到政府政策与管理方面的有力支持,近年来,我国政府主导启动了数字图书馆推广工程、国家科技图书文献中心(NSTL)、中国高等教育文献保障系统(CALIS)等重大项目建设,并给予经费和政策支持,鼓励图书馆界以多样化联合的方式实现共建共享,同时企业作为经济活动的主体,有较多机会参与图书馆建设特别是馆藏数字资源开发的过程。政府职能的转变给予图书馆较为有利的发展空间,促进图书馆突破自身局限,从行业内外汲取先进经验,利用社会资源,更高效地开展馆藏资源开发建设与服务。

---

①② 2016 年国民经济和社会发展统计公报[EB/OL].[2017 – 05 – 13]. http://www.stats.gov.cn/tjsj/zxfb./201702/t20170228_1467424.html.

③ 国家图书馆数字战略研究课题组.国家图书馆数字战略研究[M].北京:国家图书馆出版社,2011:6—9.

2.2 国家法律政策及行业导向环境

2.2.1 法律制度

在世界范围内,一些国家将对图书馆的政策上升到立法的高度。1996 年美国颁布了《图书馆服务与技术法(Library Services and Technology Act,简称 LSTA)》,作为联邦政府颁布的全国性法律,约束和指导全国图书馆活动。2000 年丹麦开始实施《图书馆服务法》,提出建立网络复合图书馆(Net-working Hybrid Library)的构想,并将复合图书馆定位为信息社会中图书馆的主要形态[①]。日本的《图书馆法》属于公共图书馆法,通过法律规范建立中央政府对公共图书馆的经费补助制度、公共图书馆运营管理的市民参与制度、向公共图书馆免费提供政府出版物的制度、图书馆运营评价及评价结果公开制度等,引导公共图书馆向高水平发展[②]。我国图书馆界一直在积极推动图书馆相关立法。2017 年 3 月 1 日,《公共文化服务保障法》正式开始实施;2017 年 4 月,国务院常务会议通过《公共图书馆法(草案)》,决定将草案提请全国人大常委会审议。在其他法律法规中对图书馆基础设施、资源开发管理以及服务提供等相关问题亦多有规定,涉及现行有效的法律、行政法规、部门规章、司法解释多达七十余部,我国图书馆相关的法律保障逐步走向体系化,这些都是图书馆开展馆藏数字资源开发与管理活动的重要依据。

---

① 刘璇,张丽,冯佳.国外图书馆法演变特点及对我国图书馆法的启示[J].图书情报工作,2011,55(21):45—51.

② 李国新.日本公共图书馆立法[J].中国图书馆学报,2011,37(2):75—82.

1. 图书馆制度

图书馆制度属于文化制度的范畴,是国家及其政府为了保障公民的知识权利而选择的一种制度安排,分为宏观、中观和微观三个层次,在国家、行业和机构三个层面上均有涉及。图书馆制度安排的最高法律体现为国家颁布的《图书馆法》[①]。我国《宪法》第二十二条规定,国家发展为人民服务、为社会主义服务的文学艺术事业、新闻广播事业、出版发行事业、图书馆博物馆文化馆和其他文化事业。《宪法》是从根本上确立我国图书馆制度的法律保障。从图书馆运行的层面看,目前我国图书馆制度的核心内容由《公共文化服务保障法》《公共图书馆法(草案)》《普通学校图书馆规程》《北京市图书馆条例》等系列地方性图书馆专门规章制度、《出版管理条例》等系列与出版物呈缴相关的行政法规以及部门规章构成。

《公共文化服务保障法》对公共文化服务提供做出相关规定,要求各级人民政府促进优秀公共文化产品的提供和传播,公益性文化单位应当完善服务项目、丰富服务内容,同时也规定国家统筹规划公共数字文化建设,构建标准统一、互联互通的公共数字文化服务网络,建设公共文化信息资源库。《公共图书馆法(草案)》对公共图书馆的运行与服务等做出了规定,要求公共图书馆必须按照国家公布的标准、规范对馆藏文献信息资源进行整理,建立馆藏文献信息资源目录,遵守知识产权保护的法律、行政法规的规定,依法保护和合理使用文献信息资源,加强数字资源建设,为公众提供数字服务,为老年人、残疾人等群体提供适合其需要的文献信息资源、设施设备和服务。以这两部法律为代表的图书馆法律体系逐步建立并完善,对图书馆的各项建设和服务活动既是约束也是保障,可作为图书馆开发建设数字资源时进行内容与形式选择的依据和指导。

---

① 蒋永福,王株梅.论图书馆制度——制度图书馆学若干概念辨析[J].中国图书馆学报,2005(6):10—13,24.

2. 著作权制度

著作权制度通过合理确定人们对于知识及其他信息的权利,调整人们在创造、运用知识和信息过程中产生的利益关系,是开发和利用知识资源的基本制度,因此与馆藏数字资源开发和管理活动密切相关。著作权日益成为图书馆的战略性资源和资源竞争力的关键要素,著作权相关的法律法规直接影响馆藏数字资源开发中的资源选择、加工、整合、服务等各个环节。

我国著作权法律体系主要由《著作权法》(2010 年修正)、《著作权法实施条例》(2013 年修订)、《信息网络传播权保护条例》(2013 修订)、《著作权集体管理条例》(2011 修改)、《计算机软件保护条例》(2013 修订)组成,主要目的是确立著作权人对作品的独占性,保护著作权人的权利,同时又鼓励作品的传播,因此,法律中给予公众和图书馆、档案馆等公益机构一定的合理使用和法定许可的权利,使图书馆在馆藏数字资源开发与服务的过程中,可以充分地利用这些条款的规定。

合理使用是指他人依据法律的有关规定而使用享有著作权的作品,无须征得著作权人的同意,也不需要向著作权人支付报酬,但是应当尊重作者的精神权利[1]。在我国现行的著作权法律体系中,可适用于图书馆的著作权合理使用主要体现为三类:明确固定使用主体为图书馆的合理使用、明确规定适用主体但图书馆也可适用的合理使用和只规定目的而没有明确规定适用主体的合理使用,相关的规定主要分布在《著作权法》《信息网络传播权保护条例》《计算机软件保护条例》中(详见表 2 – 1)[2]。

---

① 李明德,徐超. 著作权法[M]. 北京:法律出版社,2009:95.

② 吕淑萍等. 图书馆数字资源版权管理实践与案例[M]. 北京:国家图书馆出版社,2013:108—110.

表2-1 可适用于图书馆的合理使用规定

法律法规名称	合理使用条款
中华人民共和国著作权法（2010 修正）	**第二十二条** 在下列情况下使用作品,可以不经著作权人许可,不向其支付报酬,但应当指明作者姓名、作品名称,并且不得侵犯著作权人依照本法享有的其他权利: …… （六）为学校课堂教学或者科学研究,翻译或者少量复制已经发表的作品,供教学或者科研人员使用,但不得出版发行; …… （八）图书馆、档案馆、纪念馆、博物馆、美术馆等为陈列或者保存版本的需要,复制本馆收藏的作品
信息网络传播权保护条例（2013 修正）	**第六条** 通过信息网络提供他人作品,属于下列情形的,可以不经著作权人许可,不向其支付报酬: …… （三）为学校课堂教学或者科学研究,向少数教学、科研人员提供少量已经发表的作品; …… （五）将中国公民、法人或者其他组织已经发表的、以汉语言文字创作的作品翻译成的少数民族语言文字作品,向中国境内少数民族提供; （六）不以营利为目的,以盲人能够感知的独特方式向盲人提供已经发表的文字作品; （七）向公众提供在信息网络上已经发表的关于政治、经济问题的时事性文章; （八）向公众提供在公众集会上发表的讲话

续表

法律法规名称	合理使用条款
	第七条 图书馆、档案馆、纪念馆、博物馆、美术馆等可以不经著作权人许可,通过信息网络向本馆馆舍内服务对象提供本馆收藏的合法出版的数字作品和依法为陈列或者保存版本的需要以数字化形式复制的作品,不向其支付报酬,但不得直接或者间接获得经济利益。当事人另有约定的除外。 前款规定的为陈列或者保存版本需要以数字化形式复制的作品,应当是已经损毁或者濒临损毁、丢失或者失窃,或者其存储格式已经过时,并且在市场上无法购买或者只能以明显高于标定的价格购买的作品
计算机软件保护条例(2013修正)	**第十七条** 为了学习和研究软件内含的设计思想和原理,通过安装、显示、传输或者存储软件等方式使用软件的,可以不经软件著作权人许可,不向其支付报酬

  法定许可是指根据法律的直接规定,以某些方式使用他人已经发表的作品可以不经著作权人的许可,但应当向著作权人支付使用费,并尊重著作权人的其他各项人身权利和财产权利的制度[①]。在我国著作权法律法规中,图书馆适用的法定许可情形主要是《信息网络传播权保护条例》第九条的规定:"为扶助贫困,通过信息网络向农村地区的公众免费提供中国公民、法人或者其他组织已经发表的种植养殖、防病治病、防灾减灾等与扶助贫困有关的作品和适应基本文化需求的作品,网络服务提供者应当在提供前公告拟提供的作品及其作者、拟支付报酬的标准。自公告之日起 30 日内,著作权人不同意提供的,网络服务提供者不得提供其作品;自公告之日起满 30 日,著作权人没有异议的,网络服务提供者可以提供其作品,并按照公告的标准向著作权人支付报酬。网络服务提供者提供著作权人的作品后,著作权人不

---

① 刘春田.知识产权法(第三版)[M].北京:高等教育出版社,2007:125.

同意提供的,网络服务提供者应当立即删除著作权人的作品,并按照公告的标准向著作权人支付提供作品期间的报酬。依照前款规定提供作品的,不得直接或者间接获得经济利益。"

此外,充分利用公有领域资源是目前在图书馆数字资源开发中非常值得关注的一种方式。公有领域是指根据我国著作权法的规定,受著作权保护期间之外的作品在法律上的状态,包括权利保护期届满的作品、著作权法不予保护的作品以及著作权人放弃权利的作品。对于进入公有领域的条件,相关法律法规做出了明确规定。针对使用作者身份不明的作品,《著作权法实施条例》中也有规定,即如果作者身份不明确,则由作品原件所有人行使除署名权以外的著作权,作者身份确定以后,可以由作者或其继承人行使著作权。这些规定对图书馆开发与管理馆藏数字资源过程中的内容选择环节具有重要参考作用。

3. 古籍保护制度

古籍资源对于传承中华文明、弘扬优秀传统文化具有重要意义。古籍具有不可再生性,是图书馆进行数字资源开发的重要对象。由于流传至今的古籍资源面临损毁和失传的危险,国务院等根据《中华人民共和国文物保护法》和《国务院关于加强文化遗产保护的通知》(国发〔2005〕42 号)、《国家"十一五"时期文化发展规划纲要》(中办发〔2006〕24 号),制定了促进古籍保护的部门规章,其中将以数字化形式保护和利用古籍作为一项重要内容,是图书馆进行馆藏古籍资源开发应注意和利用的要素。

2007 年,国务院办公厅公布《国务院办公厅关于进一步加强古籍保护工作的意见》(以下简称《意见》)(国办发〔2007〕6 号),提出古籍保护工作的主要任务和基本目标之一是大力实施"中华古籍保护计划"和"十一五"国家古籍整理重点图书出版规划,全面、科学、规范地开展保护工作,对全国公共图书馆、博物馆和教育、宗教、民族、文物等系统的古籍收藏和保护状况进行全面普查,建立中华古籍联合目录和古籍数字资源库。为了科学规范地开展古籍保护工作,要进一步加强古籍的整理、出版和研究利用,制订古籍数字化标准,规范古籍数字化工作,建立古籍数字资源库①。《意见》中明确提出建立古籍数字资源库的总体目标,并强调要加强古籍数字化的标准规范研究,同时在管理机制上要求加大古籍保护资金投入,各级财政部门要对本地区古籍普查、修复、出版及数字化等工作给予必要的资金支持,要制定鼓励政策,积极吸纳社会资金参与、支持古籍保护工作,在图书馆进行古籍数字化开发的经费来源和开发模式上也提供了有力的保障。

《意见》发布以后,对古籍保护工作起到切实有利的推动作用,特别是"中华古籍保护计划"取得重要的阶段性成果。2011 年,文化部发布了《文化部关于进一步加强古籍保护工作的通知》(文社文发〔2011〕12 号)(以下简称《通知》),要求加快古籍的数字化建设,在普查的基础上,国家古籍保护中心要协调各省级古籍保护中心及有关收藏单位,加快古籍数字化步伐,开展古籍基本丛书(电子版)的编纂工作,努力建成"中华古籍数字资源库",通过互联网或局域网为公众提供服务,使古籍保护工作的成果为全社会共享②。《通知》对古籍的数字化开发做出具体的规划,对开发模式、机制以及成果服务模式都提出具体的要求。

《意见》和《通知》有效地推动了全国各地图书馆古籍数字化资源的开发进程,2007 年国家古籍保护中心正式成立,担负建立中华古籍综合信息数据库的职能;国家图书馆、中国中医科学院图书馆、首都图书馆、安徽省图书馆、广东省立中山图书馆等在古籍普查的过程中积极开展古籍数字化建设,不少珍贵古籍得以以数字化形式保存和利用;中华古籍善本国际联合书目系统初步建成,著录了三十余家海内外图书馆所藏古籍善本,数据达两万多条,并配有一万四千余幅书

---

① 国务院办公厅关于进一步加强古籍保护工作的意见[J].中华人民共和国国务院公报,2007(8).

② 文化部发布通知要求进一步加强古籍保护工作[EB/OL].[2015 – 11 – 07].http://www.gov.cn/gzdt/2011-03/29/content_1834019.htm.

影①。同时,海外古籍回归工程进展顺利,越来越多的海外古籍以数字化形式回归中国。2009 年,国家图书馆与美国哈佛大学图书馆决定共同开发哈佛燕京图书馆藏中文善本古籍,并开展了为期 6 年的数字化项目,计划完成中文善本古籍 4210 种 51889 卷的数字化拍照,首批发布中文古籍善本及齐如山专藏共 204 种②。同年,日本东洋文化研究所将所藏中文古籍 4000 余种以数字化方式无偿提供给中国国家图书馆,在国家图书馆网站上面向读者提供服务。2016 年年底,国家图书馆正式发布"中华古籍资源库",目前已发布古籍资源 1.7 万余种,供读者免费查阅。

与此同时,关于古籍资源开发建设的标准规范研制也取得了初步成果,国家数字图书馆工程在其制定的数字图书馆标准规范体系中,将古籍数字化相关的标准规范作为重点建设内容,制定了包括针对古籍、拓片、舆图等古代文献的系列专门元数据规范、《古籍用字规范(计算机用字标准)》、古籍全文版式 XML 规范等。从总体上看,古籍资源数字化开发已经具备了良好的政策环境和基础条件,有利于各馆根据本馆情况开展针对性开发建设。

4. 政府信息制度

网络信息资源已经成为重要的资源形式,我国对图书馆采集、利用和保存网络信息资源缺乏相应的法律制度保障。2007 年颁布的《中华人民共和国政府信息公开条例》第十六条规定,各级人民政府应当在国家档案馆、公共图书馆设置政府信息查阅场所,并配备相应的设施、设备,为公民、法人或者其他组织获取政府信息提供便利。行政机关可以根据需要设立公共查阅室、资料索取点、信息公告栏、电子信息屏等场所、设施,公开政府信息。行政机关应当及时向国家档案馆、

---

① 数据库介绍[EB/OL]. [2015 - 10 - 23]. http://mylib. nlc. cn/web/guest/zhonghuagujishanbenlianheshumuxitong.

② 哈佛大学哈佛燕京图书馆藏善本特藏资源库[EB/OL]. [2015 - 10 - 23]. http://mylib. nlc. gov. cn/web/guest/hafoyanjing.

公共图书馆提供主动公开的政府信息①。根据条例赋予的职责,国家图书馆联合公共图书馆共同建设中国政府公开信息整合服务平台,通过全面采集并整合我国各级政府公开信息,构建一个方便、快捷的政府公开信息整合服务门户,使用户能够一站式发现并获取政府公开信息资源及相关服务,充分发挥公共图书馆在政府信息服务中的作用。

为了规范信息化管理,加快信息化建设,促进经济发展和社会进步,北京、广东、浙江、山东等一些省市根据有关法律和行政法规,结合本地实际情况,制定各地的信息化促进条例,对数字资源的采集与建设提出一些指导意见。例如,《北京市信息化促进条例》第三章专门规定"信息资源开发利用"的相关内容,要求加强对政务信息资源采集工作的管理,统一建设北京市人口、法人、自然资源和地理空间、宏观经济等基础数据库,本市各级国家机关应当充分利用基础数据库建设本行业、本部门的业务数据库②。图书馆进行馆藏数字资源开发内容规划时应充分了解这些信息,以便正确选择建设内容和建设方向。

2.2.2 国家重大发展战略

国家政策对图书馆的意义是深远而重大的,往往影响图书馆发展机制,同时也带动社会对图书馆的需求,给图书馆馆藏资源开发的创新发展提出新的要求。

1. 国家"五年计划"

在我国,"五年计划"主要是对全国重大建设项目、生产力分布和国民经济重要比例关系等做出规划,为国民经济发展远景规定目标和方向。"十二五"规划提出多项与文化事业、基本公共服务体系和图书馆事业直接相关的战略目标,图书馆在"十二五"规划指导和要求之

---

① 中华人民共和国政府信息公开条例[EB/OL].[2015 – 11 – 07]. http://www. gov. cn/zwgk/2007-04/24/content_592937. htm.

② 北京市信息化促进条例[EB/OL].[2015 – 11 – 07]. http://zhengwu. beijing. gov. cn/fggz/bjdffg/t889845. htm.

下,开展大量馆藏数字资源开发与管理实践活动,并取得重要成果。例如:"国家动漫公共素材库"正式上线,重点建设大量戏剧脸谱、传统建筑等反映中国传统文化特色的精品素材;在国家图书馆开展数字资源版权征集项目,其中少数民族资源与非物质文化遗产资源都是征集的重点主题,目前已经完成多个相关数字资源的建设与整合;文化部联合财政部启动重大文化惠民工程"数字图书馆推广工程",未来将着重推动我国公共数字文化建设,更好地满足人民群众日益增长的精神文化需求。《"十三五"规划纲要》提出国家增加公共服务供给,提高服务质量,并将"数字文化服务"列入基本公共服务项目清单①。同时,规划丰富文化产品和服务,构建现代公共文化服务体系,加快公共数字文化建设,加强文化产品、惠民服务与群众文化需求对接,加快发展现代文化产业和网络文化建设。在规划的文化重大工程中,包含加快文化资源数字化建设、推动中华优秀文化网上传播的内容。以上对于战略方向的规划在一定意义上是图书馆在"十三五"期间开展馆藏数字资源开发和管理活动的指导方针,也是选择开发内容、确定开发模式的重要参考依据。

2. 文化发展战略

近年来,国家围绕文化发展相关问题制定了一系列战略方针,其中提出的一些战略措施相对具体,对图书馆馆藏数字资源的开发与管理活动具有直接的指导作用。

2011 年,中国共产党十七届六中全会通过《中共中央关于深化文化体制改革推动社会主义文化大发展大繁荣若干重大问题的决定》,提出要大力发展公益性文化事业,完善国家数字图书馆建设,建设优秀传统文化传承体系,加强文化典籍整理和出版工作,推进文化典籍

---

① 十三五规划纲要[EB/OL].[2017 – 05 – 10]. http://www. sh. xinhuanet. com/2016-03/18/c_135200400_2. htm.

资源数字化等要求①,即明确图书馆建设和服务的战略方向,同时也提出具体的发展要求。2013 年中国共产党第十八届三中全会通过《中共中央关于全面深化改革若干重大问题的决定》,提出建立多层次文化产品和要素市场,鼓励金融资本、社会资本、文化资源相结合,完善文化经济政策,扩大政府文化资助和文化采购,加强版权保护②。这些决议对于数字资源开发建设模式的创新发展具有重大的指导意义。

《国家"十二五"时期文化改革发展规划纲要》中提出,实施文化数字化建设工程主要包括三个方面:文化资源数字化、文化生产数字化以及文化传播数字化。文化数字化工程与图书馆馆藏数字资源开发工作有很多契合点,特别是国家知识资源数据库、全国文化遗产数据库、红色历史文化资源的数字化修复与整理、少数民族文化资源数字化等内容,与图书馆开展的特色馆藏数字化建设密切相关。在这项规划的指导下,"十二五"期间一些图书馆重点建设一批相关类型的馆藏数字资源。

表 2 - 2 "十二五"时期文化数字化建设工程

工程类型	工程内容
文化资源数字化	完成红色历史文化资源的数字化修复与整理,完成广播电台存留音频资料、新闻纪录片、电影档案影片、国产影片的数字化修复和保存,完成中华字库工程,加快国家知识资源数据库、全国文化遗产数据库、老唱片数字资源库建设,加快数字图书馆、数字博物馆、数字美术馆、少数民族文化资源数字化建设

---

① 中共中央关于深化文化体制改革推动社会主义文化大发展大繁荣若干重大问题的决定[EB/OL].[2015 - 11 - 03]. http://news. xinhuanet. com/politics/2011-10/25/c_122197737_5. htm.

② 中共中央关于全面深化改革若干重大问题的决定[EB/OL].[2015 - 11 - 03]. http://news. xinhuanet. com/2013-11/15/c_118164235. htm.

续表

工程类型	工程内容
文化生产数字化	发展数字影视制作,加快电视节目制播高清化。发展数字出版,完成数字复合出版系统、数字版权保护技术研发工程,建立数字内容生产、转换、加工平台,形成覆盖网络、手机以及适用于各种终端的数字出版内容供给体系。发展动漫、网络游戏,实施国产动漫振兴工程,发展电子阅读及有声阅读,开展电子书包试验,培育以3D立体显示技术为核心的立体视觉产业,重视印刷复制装备制造业的自主研发,发展数字印刷
文化传播数字化	加快有线电视网络数字化、双向化改造,加强下一代广播电视网(NGB)建设,加快移动多媒体广播电视覆盖和地面数字电视覆盖,加快电信宽带网络建设,完善国家数字图书馆建设和推广,加快推进出版物发行数字化改造,建设规模化数字出版物投送平台

　　《国家"十三五"时期文化发展改革规划纲要》提出繁荣文化产品创作生产,推动文化内容形式创新,加快现代公共文化服务体系建设,推动基层公共文化设施资源共建共享,统筹公共文化设施网络和重点文化惠民工程,避免重复建设,创新公共文化服务运行机制,鼓励社会组织和企业参与公共文化设施运营和产品服务供给。对公共文化产品的内容要求包括:开发和提供适合老年人、未成年人、农民工、残疾人等群体的基本公共文化产品和服务,加强中华优秀传统文化研究挖掘和创新发展,加强中华优秀传统文化典籍整理和出版,推进文化典籍资源数字化,推动文博单位开发相关文化创意产品①。

　　根据《国家"十三五"时期文化改革发展规划纲要》,文化部提出

---

① 国家"十三五"时期文化发展改革规划纲要[EB/OL].[2017 - 05 - 08].http://politics. people. cn/n1/2017/0507/c1001-29259218. html.

《文化部"十三五"时期文化改革发展规划》①,对繁荣文化产品创作生产、加快现代公共文化服务体系建设等方面进行整体部署,开列了一系列专栏和项目,提出要推动公共数字文化建设,加快数字图书馆、文化馆、博物馆、美术馆建设,统筹实施重大公共数字文化建设工程,加强数字产品和服务的开发,提高优质资源供给能力。

表2-3 《国家"十三五"时期文化改革发展规划纲要》中与图书馆密切相关的项目

专栏	项目名称	项目主要内容
现代公共文化服务体系建设	公共数字文化建设项目	统筹实施全国文化信息资源共享工程、数字图书馆推广工程和公共电子阅览室建设计划,完善国家公共文化数字支撑平台,建设国家基本公共数字文化资源库,资源总量达到3500百万兆字节(TB)以上
	特殊群体文化产品扶持计划	组织实施面向老年人、未成年人、残疾人、农民工、农村留守妇女儿童等特殊群体的文化活动,开展特殊群体优秀文化产品征集推广,培育一批特殊群体文化服务品牌
文物保护利用	中华古籍保护计划	建立完善的古籍普查、修复、保存、宣传、利用工作机制,通过微缩复制、数字化和善本再造等方式,实现古籍的再生性保护,开展古籍专题展览展示交流活动。开展中华传统文化百部经典编纂工作
	民国时期文献保护计划	通过文献普查、海内外文献征集、整理出版、数字化加工整合、举办文献展览以及文献的保护技术研究等工作,有效抢救与保护民国时期文献

---

① 文化部"十三五"时期文化发展改革规划[EB/OL].[2017-05-08].
http://zwgk.mcprc.gov.cn/auto255/201702/t20170223_491392.html.

专栏	项目名称	项目主要内容
非物质文化遗产保护传承	民族民间文化典藏与传播工程	建成中国传统皮影、木偶艺术音像资源库，辑成中国传统表演艺术基本动作、中国传统乐器、中国传统文化特征色彩数字化典藏，建设民族民间文化资源汇集管理平台
文化产业发展	文化创意产品扶持计划	落实推动文化创意产品开发的政策措施，加强示范引导、搭建平台、展示推广，调动博物馆、图书馆、美术馆等文化文物单位和创意设计机构等社会力量积极性，创作生产弘扬中华优秀文化、适应市场需要、满足现代消费需求的优秀文化创意产品
	数字文化产业发展计划	推动优秀文化内容数字化转化和创新，加强数字文化创意内容创作与供给。提升数字文化创意技术与装备水平。建设数字文化产业双创平台，构建数字文化产业创新生态体系。推进数字文化与相关产业融合发展
文化科技融合发展	文化标准化工程	制定数字图书馆建设与服务、社会艺术水平考级管理等标准不少于40项，使文化行业标准总数超过110项。积极参与国际标准化工作，清理妨碍创新的行业标准

此外，2016年以来，文化部还发布了《文化部"一带一路"文化发展行动计划（2016—2020）》《文化部"十三五"时期文化科技创新规划》《"十三五"时期繁荣群众文艺发展规划》等规划方案，其中均包含相应主题或领域的文化产品建设规划，特别是文化资源库建设，这些战略法规纲要既为单个图书馆开展数字图书馆资源建设提供切实可行的指导性建议，也为图书馆界建设跨地域、跨系统的数字图书馆资源保障体系提供有益参考。

2.2.3 图书馆行业导向

1. 中国图书馆学会

中国图书馆学会是由全国图书馆及相关行业或机构科技工作者自愿结合、依法登记成立的全国性、公益性、学术性、非营利性的社会组织,其代表全国图书馆界发表的声明对图书馆行业环境具有重要影响。2005 年,中国图书馆学会七届一次理事会审议通过了《关于网络环境下著作权问题的声明》①,针对数字信息技术与网络传播环境下的著作权保护与作品利用需求问题,中国图书馆学会提出图书馆的立场,认为数字作品与传统作品没有本质的不同,区别仅在于载体不同,因此认为著作权法的合理使用条款应当自然延伸到数字环境中,并为数字作品的网络传播制定适宜的著作权例外与限制条款。

2008 年中国图书馆学会正式发布《中国图书馆学会·图书馆服务宣言》②,倡议图书馆充分利用现代信息技术,提高数字资源提供能力和使用效率,以服务创新应对信息时代的挑战,并开展信息资源共建共享,敦促各地区、各类型图书馆加强协调与合作,促进全社会信息资源的有效利用。2009 年以来,中国图书馆学会组织《公共图书法》立法支撑研究工作,在《公共图书馆法》立法过程中发挥重要的推动作用。

2. 全国数字图书馆建设与服务联席会议

全国数字图书馆建设与服务联席会议由文化部于 2007 年牵头成立,会议成员包括 8 家我国目前最主要的数字图书馆建设单位:国家图书馆、文化部全国文化信息资源建设管理中心、上海图书馆、中国科学院文献情报中心、CALIS 管理中心、CADAL 管理中心、中央党校图书

---

① 中国图书馆学会.关于网络环境下著作权问题的声明[EB/OL].[2015 – 11 – 03].http://www.lsc.org.cn/c/cn/news/2006-04/03/news_307.html.

② 中国图书馆学会图书馆服务宣言(2008)[EB/OL].[2015 – 11 – 03]. http://www.gslib.com.cn/xh/tqxw/08ztxy.htm.

馆、国防大学图书馆。联席会议成立以来,已经召开了 17 次会议,就目前我国数字图书馆建设的重点问题进行研讨,开展有关项目合作,并以指南形式发布关于数字图书馆建设的重大政策和原则。《数字图书馆服务政策指南》《数字图书馆资源建设指南》《数字图书馆资源建设和服务中的知识产权保护政策指南》均是由联席会议审议通过,由文化部社会文化司批准公布的政策性文件。

《数字图书馆服务政策指南》①主要从服务对象、服务方式、服务策略、服务内容、服务承诺、服务监督与评估等方面对数字图书馆的服务提出了指导性的意见,首次明确了数字图书馆服务的概念,提出了数字图书馆服务政策遵循的原则:数字图书馆服务政策应在充分考虑数字图书馆的特点、了解服务对象需求、借鉴国内外先进经验的基础上制定,保证高质量的服务和积极的服务效果。

《数字图书馆资源建设指南》②旨在规范和促进全国数字图书馆资源建设工作,以满足社会公众日益增长的信息需求,明确数字图书馆资源的含义,规范了数字资源建设应遵循的原则,重点阐述数字图书馆资源建设原则、建设方式、建设工作内容、建设策略、建设经费、建设管理等。

《数字图书馆资源建设和服务中的知识产权保护政策指南》③规定了知识产权保护实际工作的操作步骤,包括资源著作权状态的甄别、不同著作权状态资源的使用权限等。针对数据库开发,强调图书馆对其开发建设的数据库整体享有自主知识产权,要通过著作权提示、相关技术措施保护其自主知识产权,避免用户使用过程中的侵权和其他商业性复制。

---

①　姚晓霞,朱强.《数字图书馆服务政策指南》解读[J].中国图书馆学报,2011,37(1):32—37.

②　全国数字图书馆建设与服务联席会议.数字图书馆资源建设指南[EB/OL].[2013-06-19]http://www.lsc.org.cn/Attachment/Doc/1275990326.pdf.

③　张彦博,罗云川,王芬林.《数字图书馆资源建设和服务中的知识产权保护政策指南》解读[J].中国图书馆学报,2011,37(1):59—63.

3. 中国高等教育文献保障系统(CALIS)

中国高等教育文献保障系统(China Academic Library & Information System,简称 CALIS)是经国务院批准的我国高等教育公共服务体系之一,其宗旨是建设以中国高等教育数字图书馆为核心的教育文献联合保障体系,实现信息资源共建、共知、共享,以发挥最大的社会效益和经济效益。从 1998 年开始建设以来,CALIS 管理中心引进和共建了一系列国内外文献数据库,确立了我国高校图书馆数字资源建设的基本模式,对我国图书馆数字资源建设整体格局的形成产生重要影响。CALIS 采用独立开发与引用消化相结合的道路,主持开发联机合作编目系统、文献传递与馆际互借系统、统一检索平台、资源注册与调度系统,形成较为完整的 CALIS 文献信息服务网络。同时,"中英文图书数字化国际合作计划"(简称 CADAL)也是 CALIS 公共服务体系建设的重要组成部分,项目和总体目标明确为:在完善中国高等教育文献保障系统(CALIS)建设的基础上,将以系统化、数字化的学术信息资源为基础,以先进的数字图书馆技术为手段,建立包括文献获取环境、参考咨询环境、教学辅助环境、科研环境、培训环境和个性化服务环境在内的六大数字服务环境,为高等院校教学、科研和重点学科建设提供高效率、全方位的文献信息保障与服务,成为中国经济和社会发展的重要基础设施。

CALIS 专题特色数据库建设经历十余年的发展,三期建设均已结项。其中,一期有 25 个项目立项,二期有 75 个项目立项,三期有 228 个项目立项。CALIS 管理中心致力于组织全国高校共同建设以高等教育数字图书馆为核心的文献保障体系,开展各个省级文献服务中心和高校数字图书馆基地的建设,进一步巩固和完善 CALIS 三级文献保障体系,为图书馆提供"自定义、积木式、个性化"的数字图书馆解决方案,大力提高 CALIS 综合服务水平,扩大 CALIS 服务范围。

4. 国家科技图书文献中心

国家科技图书文献中心(NSTL)于 2000 年 6 月 12 日组建,是一个虚拟的科技文献信息服务机构,成员单位包括中国科学院文献情报中心、中国科学技术信息研究所、中国农业科学院图书馆、中国医学科学院图书馆等。该机构的目标是:根据国家科技发展需要,按照"统一采购、规范加工、联合上网、资源共享"的原则,采集、收藏和开发理、工、农、医各学科领域的科技文献资源,面向全国开展科技文献信息服务。主要任务包括:统筹协调,较完整地收藏国内外科技文献信息资源;制订数据加工标准、规范,建立科技文献数据库;利用现代网络技术,提供多层次服务,推进科技文献信息资源的共建共享,组织科技文献信息资源的深度开发和数字化应用,开展国内外合作与交流。其发展目标是建设成为国内权威的科技文献信息资源收藏和服务中心、现代信息技术应用的示范区、同世界各国著名科技图书馆交流的窗口。

国家科技图书文献中心成立以来,积极发挥其在科技文献资源建设与服务领域内的协调和保障作用,参与和推动科技文献联合采购、专题数据库建设、开放出版、数字资源长期保存等,特别是在科技文献资源的开发方面,对全国图书馆进行学术文献资源开发的内容组织与标准规范选择都具有直接的参考意义。

2.2.4　重大工程项目发展

1. 国家数字图书馆工程

国家数字图书馆工程于 2001 年立项,2005 年正式实施。该工程建设的总体目标是:第一,在数字信息时代继续履行国家图书馆的职能,有重点地采集、建设和长期保存中文数字资源,在互联网上形成超大规模的、高质量的中文数字资源库群,建设世界上最大的中文数字信息保存基地;第二,建设支撑数字资源生命周期管理的技术支撑平台;第三,通过国家骨干通信网向全国和全球提供高质量的、以中文数字信息为主的服务,建设世界上最大的中文数字信息服务基地;第四,构建以国家图书馆为服务中心,以国内各大图书馆为服务节点的数字资源传递和服务体系,构建国家数字图书馆与国内各大公共图书馆数字资源的无缝传递和服务,为其他行业性、地区性数字图书馆系统提供服务支撑,为全国文化信息资源共享工程提供服务支撑①。

在工程建设目标的指导下,国家数字图书馆工程的主要建设内容包括:制定国家数字图书馆标准规范体系,重点对中文信息处理中涉及的关键技术与标准进行研发,并根据标准规范成果制订相应的国家数字图书馆业务管理规范与应用细则;构建以资源采集与获取系统、数字资源加工系统、数字资源组织与管理系统、数字资源发布与服务系统为核心的国家数字图书馆业务应用系统,以支持海量数字资源采集、组织、保存、管理和服务的全过程;建设网络系统、硬件和系统软件平台,并搭建视频会议系统、数据广播系统、RFID 系统、一卡通系统、数字印刷系统等配套基础系统。目前,国家数字图书馆工程建设基本完成,其建设成果在数字图书馆领域内得到推广和应用,为图书馆进行馆藏数字资源开发和管理活动提供全面、具体的实践参考资料。

2. 数字图书馆推广工程

2011 年,文化部、财政部共同启动"数字图书馆推广工程"。这是继全国文化信息资源共享工程、公共电子阅览室建设计划后,启动的又一个重要的数字文化建设工程。该项工程的建设目标包括:建设分布式公共文化资源库群,搭建以各级数字图书馆为节点的数字图书馆虚拟网,建设优秀中华文化集中展示平台、开放式信息服务平台和国际文化交流平台,打造基于新媒体的公共文化服务新业态,最终实现数字图书馆的服务惠及全民,切实保障公共文化服务的公益性、基本性、均等性、便利性,最大限度地发挥数字图书馆在文化建设中引导社会、教育人民和推动发展的功能。力争通过五年的建设,使社会公众能够获得的数字资源总量扩大十倍,达到 10000TB,覆盖手机用户达到 8 亿人,数字电视用户达到 8000 万户,互联网用户达到 4.2 亿人②。

---

① 申晓娟,齐欣. 国家数字图书馆工程概述[J]. 国家图书馆学刊,2008,17(3):7—11.

② 数字图书馆推广工程介绍[EB/OL]. [2015 – 10 – 25]. http://www.ndlib. cn/gcjs_1/201108/t20110818_47872. htm.

为实现上述目标,数字图书馆推广工程在中央财政和地方财政共同支持下,不断推动建设覆盖各级图书馆的数字图书馆虚拟网,建设海量分布式数字资源库群,建设数字图书馆服务平台、图书馆业务工作平台以及数字图书馆标准规范体系。目前,数字图书馆推广工程已经取得初步成效,截至 2015 年年底,数字图书馆推广工程覆盖全国 40 家省级图书馆、479 家市级图书馆,服务辐射 2900 多个县级图书馆,各地数字图书馆基础设施大幅提升,平均网络带宽、存储容量、服务器速度指标翻一番,全面联通全国数字图书馆网络,全国各级图书馆数字资源均衡、持续增长,总量超过 10100TB。近年来,数字图书馆推广工程组织了数字资源联合建设工作,联合各地图书馆共同推进地方报纸数字化、少数民族语言书刊数字化、地方公共数字文化资源整合与揭示项目,2016 年共有 279 家图书馆参与联合建设。可以说,数字图书馆推广工程在提升各级公共图书馆馆藏数字资源开发与管理方面发挥了重要的推动作用。

2.3 信息技术环境

信息技术使社会发生了翻天覆地的变化,正是由于信息技术的发展,才使馆藏数字资源开发具备了可能性。图书馆是信息技术的积极应用者,在数字图书馆发展背景下,信息技术环境成为对图书馆数字资源开发影响最灵敏、最直接的一个因素,特别是数字化技术、数字出版技术以及通信与网络技术,直接影响图书馆特色数据库建设的模式和成果。

2.3.1 数字化技术

早期图书馆界曾简单地认为将资源数字化就是数字图书馆,这种认识虽然有些片面,但也反映出数字化技术在图书馆发展中的重要作用。对于大多数图书馆而言,目前,将传统馆藏进行数字化加工仍然是建设特色数据库的重要手段。数字化加工技术不仅包括录入、扫描、拍照、转录等数字对象数据生成技术,同时还包括加工元数据、组织数字对象、保存等数字资源处理技术。近二十年来,数字化加工技术一直在不断发展,在图书馆界,相应的标准规范体系已经建立并在一定范围内得到推广,在国家图书馆数字图书馆工程建立的数字图书馆标准规范体系中,数字资源建设标准规范涉及数字对象的加工、描述、组织、存储、检索和服务,要建立相应的技术标准规范;建立元数据统一结构框架和相应的元数据描述、加工处理、转换和检索的技术标准规范;建立对网上资源进行搜集、筛选、编目、加工、使用的方法和相应的技术标准规范等。

随着计算机技术和用户使用习惯的转变,适用于手机、手持阅读器以及数字电视等不同服务方式的新媒体资源数字化技术也得到了快速发展,很多图书馆也适时开展了新媒体信息服务,国家图书馆、上海图书馆等不少国内图书馆均已经开始提供手持阅读器借阅服务,以手机作为个人用户终端的移动服务在大型图书馆范围得到普遍发展,电子图书馆的建设与服务也在不断探索之中。

2.3.2 数字出版技术

数字出版是用数字化技术从事出版经营的新兴业态,利用数字技术进行信息的记录、存储、呈现、检索、输出、复制和交易,通过网络实现远程检索、下载、即时互动,并能满足大规模订制的需要①。数字出版的特点是内容数字化、传播网络化、经营集约化、交易电子化,主要形态体现为电子图书、网络报刊、网络文学、网络游戏、POD 按需出版(印刷)、在线服务、移动服务、手机出版等②。一般情况下,数字出版

---

① 陈昕. 从美国数字出版现状看出版新趋势[N]. 文汇报,2008 – 01 – 20 (6).

② 冯宝秀,杨惠芳. 数字出版与数字图书馆协同发展的基础与机制研究 [J]. 图书馆,2012(5):88—90.

是一种商业行为,以市场为导向,而图书馆建设特色数据库则具有公益性服务性质,以向社会公众提供平等、公益、非营利的知识信息服务为导向,虽然二者建立和发展的意义不同,但最终目的都是向社会提供数字化信息,馆藏数字资源的开发建设在某种程度上就是一种数字出版行为。

无论如何,数字出版依旧是图书馆的上游环节,了解数字化出版技术、营销模式、发展趋势对于特色数据库的建设都是十分重要的。数字出版技术的发展使图书馆在获得数字资源方面具有了新的形式与手段。图书、期刊、报纸的出版不再与传统的纸质图书保持同步,也突破了原有的发行渠道,由于数字出版技术日益灵活化和多样化,未来数字资源的形式也日趋分散和多样,在馆藏数字资源开发的对象中,原生数字资源将变得越来越重要。将对图书馆馆藏数字资源开发产生一定影响。在数字出版背景下,出版业务的编辑、印刷、发行流程正在从传统模拟生产向数字化生产方式转变,对于图书馆而言,除需要实现原有纸本文献的数字化以外,还需要对新出版资源直接从出版阶段入手,实现从出版社编辑计算机直接到图书馆数据库的模式的研究。

2.3.3　通信与网络技术

截至 2016 年 12 月,我国网民规模达 7.31 亿,普及率达到 53.2%,手机网民规模达 6.95 亿,增长率连续三年超过 10%[①]。互联网用户和手机网络用户持续增长,用户已不再满足于在固定环境下通过计算机使用图书馆数字资源,而是要求随时随地、无缝地接入和使用图书馆数字资源,这促使现代通信和网络技术成为进行馆藏数字资源开发的基础环境。

---

① 中国互联网络信息中心. 第 39 次《中国互联网络发展状况统计报告》[EB/OL]. [2017 – 05 – 15]. http://www. cnnic. net. cn/hlwfzyj/hlwxzbg/hlwtjbg/201701/t20170122_66437. htm.

云计算技术是近年来兴起的一种网络服务模式,其发展对图书馆特色数据资源的建设模式和服务方式产生越来越深远的影响。云计算是并行计算、分布式计算和网格计算的融合和发展,包括信息基础设施(硬件、平台、软件)和相关服务,其基本概念是通过整合、管理、调配分布在网络各处的计算资源,并以统一的界面同时向大量用户提供服务[①]。在云计算环境下,出现了专门的企业负责大规模数据存储和服务功能正常运转的管理和维护,用户能够使用各种终端设备方便地调用运行在互联网的大规模服务器集群中的应用程序,在云端上实现随需随用。与传统的数据存储相比,云存储具有许多优点,利用云存储服务不仅可以节约购买存储服务器的开支,降低 IT 设施维护成本;而且如果在云上存储数据,可以使数据驻留在 Web 上,其位置可以跨越多个存储系统,云存储提供商平衡服务器负载并在多个数据中心之间移动数据,确保信息存储的位置靠近使用它的位置,从而使用户可以从具有 Internet 访问的位置快速获取它。

图书馆拥有大量的数字资源,不论是自建资源还是外购资源,都可以存放于"云"上,而不再需要镜像于本地,其存储和管理可以都由"云"来完成,从而克服目前图书馆服务器访问限制的瓶颈。而且图书馆作为一种服务中介,至少在技术上能够将分布式存储的数据库和一站式的检索界面结合起来,进行信息资源的整合、组织、关联、导航甚至可视化服务,实现不同"云"之间的互操作。同时,图书馆可通过即时通信或开放多种 Web2.0 的服务方式为读者提供定制服务、在线帮助等全方位的用户交互服务,以更为人性化的方式拉近用户与图书馆的距离[②]。另外,在与其他机构共享数字资源时,图书馆在云存储服务模式下,还可以通过对其他系统提供接口的方式,将包括数据资源、书

① 张建中,钟慧敏.基于云计算的图书馆云服务及其安全问题浅析[J].高校图书馆工作,2012,32(2):67—69.

② 王长全等.云计算环境下数字图书馆信息资源安全策略研究[J].情报杂志,2010,29(3):184—186.

目资源、机构库资源、馆员资源、导航资源等在内的资源以开放的架构放在网上,无缝地嵌入到其他网站的系统中,并建立资源描述机制,让其他系统能够发现和利用资源①。当然,基于云计算技术的图书馆资源建设和服务模式的发展尚不成熟,在实践中也存在诸如馆藏数据丢失、数据未经授权被访问或泄漏、馆藏数据迁移引发的监护权和控制权的无形改变、馆藏数据被厂商锁定等安全问题引发的一系列法律隐患,图书馆在选择云计算模式时应当建立完善有效的风险评估体系,选择安全的云服务提供商进行馆藏数字资源开发与管理服务。

2.4 图书馆微观环境

1. 馆藏特色资源

馆藏特色资源是图书馆进行资源开发和管理的重点对象。近年来,各级各类图书馆均十分重视馆藏特色资源的开发,依据馆藏特色资源建设专题资源库成为图书馆资源开发的一种主要形式,开发方法、工作流程和管理模式相对成熟,在图书馆资源建设和服务方面取得了显著成效。

为了突出馆藏资源的特色化,对馆藏资源进行全面、深入的内容分析成为图书馆资源开发工作的重中之重。馆藏资源内容分析主要是指对馆藏资源内容主题的分析,这是深化到馆藏资源所包含的知识内容层面的分析,对于从事内容分析人员的学科专业能力有较高的要求。图书馆对本馆馆藏资源内容所包含的与学科、历史、文化、经济、社会等各方面相关的信息进行深度挖掘,以发现资源内容的独特性和价值性,并通过一定的有序化组织形成专题数字资源,同时在开发过程中重点突出馆藏资源的内容特色。

---

① 常雅红.云存储服务模式下馆藏数据迁移引发的法律隐患[J].图书馆学研究,2011(3):28—30,37.

2.用户需求与用户服务

信息技术和网络技术的发展促使图书馆用户的信息行为发生变化,进而影响到用户对于图书馆文献载体和服务内容的需求。调查显示,数字化阅读整体人群持续增加,2016 年我国成年国民包括书报刊和数字出版物在内的各种媒介的综合阅读率为 79.9%,数字化阅读方式(网络在线阅读、手机阅读、电子阅读器阅读、PAD 阅读等)的接触率为 68.2%,较 2015 年的 64.0%上升了 4.2 个百分点;对我国国民倾向的阅读形式的研究发现,对于同样内容的纸质版和电子版图书,在数字化阅读方式接触者中,有 51.2% 的人更倾向于购买电子版①。用户需求是图书馆开展资源建设和服务的一个重要指标,有学者认为:"需求常常是某些未解决问题的产物,它可能与工作相关,也可能产生于个人的认识:当个人认识到他或她现有的知识存储不足以应付目前的任务、不足以解决特定主题领域的冲突、不足以填补某些知识领域的空白时,需求便出现了。"②

图书馆用户的信息需求是多样而多变的,因此,图书馆在进行馆藏数字资源开发和管理活动时,必须关注用户信息需求问题,以及用户需求发展变化的规律性,考虑如何有效地满足用户需求的问题。每个用户的信息需求都是多种多样的,图书馆提供资源与服务不可能满足其所有的信息需求,因此,就图书馆而言,研究重点是特定用户群的信息需求结构,这种结构绝不是单个用户需求简单相加的结果,而是特定范围内若干单个用户信息需求整合异化的结果。

图书馆现有的用户服务情况也是影响未来馆藏数字资源开发与管理的重要因素,因此,图书馆进行数字资源开发与管理规划时,应把握服务对象的整体情况,了解到馆用户人数、办证用户人数以及远程

① 第十四次国民阅读调查报告发布数字化阅读率提升显著[EB/OL].[2017 – 05 – 08]. http://china. cnr. cn/gdgg/20170419/t20170419_523714122. shtml.

② M. L. Pao. Concepts of Information Retrieval[M]. Englewood:Libraries unlimited,inc. ,1989:41.

使用数字资源的用户人数,特别是针对使用数字资源的用户,客观分析本馆现有数字资源服务满足用户需求的程度,对照用户的信息利用预期,确定本馆未来的数字资源服务目标以及数字资源建设方向。

3. 信息设施与人员

信息设施是图书馆进行馆藏数字资源开发与服务的物质条件,也是维系馆藏数字资源与用户信息需求的重要媒介,对于数字图书馆而言,信息设施与信息资源已经融为一体。信息设施的主要作用是为图书馆数字资源体系的形成、维护、发展和开发提供支撑环境和条件,为用户利用信息资源提供便捷手段,为图书馆管理提供物质基础。图书馆自动化系统是现代信息设施的核心,它由计算机硬件系统、软件系统和数据库三大部分组成,图书馆在进行馆藏数字资源开发之前,应充分做好信息设施准备,通过利用本馆或外部机构的信息设施搭建开发基础环境,特别是关于软件系统的准备对于开发馆藏资源至关重要。

信息人员是指直接或间接参与馆藏数字资源开发活动的人员,负责对数字资源的选择、组织、评价和揭示,他们是保证数字资源有序化和优化建设的主体要素,因此,也是馆藏数字资源建设的核心和关键。在馆藏数字资源开发中,图书馆应根据本馆人才队伍情况进行合理安排,全盘考虑行政管理人员和专业技术人员的配置,同时也应根据需要引进外部人才参与本馆资源开发建设。

4. 元数据标准

元数据(Metadata)是关于数据的数据,在图书馆中能够提供完整的数据描述形式,为分布的、多样化的信息体系提供操作规范,数字资源具有充分的互操作性和可扩展性的基础,是提供资源描述、资源发现、资源处理、资源评价与排序以及资源的人机交互和理解的基本要素[①]。机读目录格式(Machine-Readable Catalog,简称 MARC)是发展

---

① 崔宇红等. 现代数字图书馆构建技术与应用实践[M]. 北京:中国科学技术出版社,2014:92—93.

历史最悠久、最成熟的图书馆元数据格式,主要针对印刷型文献的描述。随着网络资源的兴起,催生了一批适用于网络资源和数字资源描述的元数据格式,其中,在图书馆界得到广泛应用的主要是都柏林核心元数据(DC)和标签(Tag)。

1998年,国际图联在"书目数据功能需求"(Functional Requirements of Bibliographic Records,简称FRBR)报告中,提出了一种动态的元数据方案,应用"实体—关系"模型构建概念框架,将书目记录涉及的实体分为三组,并对属性及其关系进行分析。受FRBR框架影响,《英美编目条例(第2版)》(AACR2)应数字环境的发展而制定了最新的国际编目规则RDA,以现代的FRBR(书目记录的功能需求)和FRAD(规范数据的功能需求)概念模型为框架,创造性地提供了一套更为综合、能覆盖所有内容和媒介类型资源的描述与检索的原则和说明,主要目标在于满足数字环境下资源著录与检索的新要求,成为数字世界的通行标准。

1995年3月,OCLC(Online Computer library Center,联机计算机图书馆中心)和NCSA(National Center for Supercomputing Applications,美国国家超级计算应用中心)联合在美国俄亥俄州的都柏林镇召开了第一届元数据研讨会,52位来自图书馆界、计算机网络界的专家共同研究产生了一个精简的元数据集——都柏林核心元素集(Dublin Core Element Set),简称DC。DC的基本内容是一组由15个核心元素构成的元数据元素集合,已经成为多个国际标准组织和国家的正式标准。DC产生的主要目标即是使用一种简单的元数据记录来描述种类繁多的网络电子资源,使非图书馆专业人员也有能够了解和使用这种著录格式,以有效地描述和检索网络资源。因此,DC元数据结合了图书馆文献标引和电子文件管理的功能,逐渐成为网络资源以及数字资源描述领域的主导标准格式。2010年,《信息与文献——都柏林核心元数据元素集 GB/T 25100—2010》成为我国国家标准。

MARC和DC格式的元数据,其构建和生成主要由专业人员完成,在图书馆范围内得到了广泛的应用。但在信息快速增长的互联网环境下,这种自上而下的结构化信息组织方式越来越难以适应信息产生和发展的规律。随着 Flikr、Facebook 这类 Web2.0 网站的兴起和发展,用户个人自生成的内容(如博客文章、图片、视频等)快速增加,Tag(标签)成为用户自定义用于描述网络资源并进行分类的一种方式。Tag 也称为"大众分类"或"开放分类",由用户根据网络资源内容进行自由添加,主要目的是为了更好地显示和突出重点关键词或者词条,以便能够建立更适用的索引和指导用户浏览和检索。Tag 是自下而上建立的细化分类方法,使信息组织能够更经济、高效、灵活,信息描述更加便利,内容也更加丰富,因此,在社会化网络的构建中表现出明显的优势,一些图书馆在进行数字资源开发的过程中也采用了这种元数据描述方式。但同时也应注意到,Tag 存在缺乏一致性、歧义或语法错误的问题,在精准描述方面与专业化的 MARC 和 DC 标准尚存在差距。

3 馆藏数字资源开发与管理规划

  "信息资源开发"是图书情报领域一个重要的研究命题,其所涉及的内涵十分丰富,从广义上看,任何能够改进和加速信息资源交流和利用的活动均属于信息资源开发。而在狭义范畴上,信息资源开发是一种创造和生产新的信息产品的活动,也是信息资源服务的一种高级形式①。图书馆馆藏数字资源开发是信息资源开发的一种形式,一般是以图书馆作为主要的行为主体,主观有意地对数字资源的数量、内容、布局、功能等状况进行干预和改变,以获取预期效果。针对开发行为而进行的计划、组织、指挥、协调和控制等系列活动,则构成馆藏数字资源开发管理的主要内容。显而易见,馆藏数字资源开发及管理是一项系统工程,不但涉及诸多方面的要素,而且各要素之间的关系也错综复杂。在数字化与知识化发展环境下,图书馆如果缺乏战略管理的思维,缺少对馆藏数字资源开发与管理的有效规划,极易带来失败的风险,丧失长远发展的后劲,造成对资源和投入的浪费。

3.1 战略规划与项目规划

  数字资源开发与管理规划是一个完整的过程,图书馆对其在数字资源采集、标识、整合、管理、存储、发布和长期保存过程中所涉及的问题进行预测和计划。规划是纲领性文件,既包括宏观层面的战略规划,也包括微观层面的项目建设规划,用以指导数字资源开发与管理的全部进程,进而实现图书馆的使命和目标。

---

  ① 霍国庆.论信息资源开发[J].中国图书馆学报,1998,24(2):9—14,80.

3.1.1　战略规划

从语义上分析,战略是指"决定全局的策略"[①],规划是"比较全面的长远的发展计划"[②],可见,战略规划是制定组织的长期目标并将其付诸实施的过程。一般来说,战略规划规定组织的使命,建立实现组织使命的长期目标和短期目标,制定组织实施战略的方针,不但具有全局性和长远性的特点,从发展的角度看,战略规划还同时具备竞争性和纲领性的特点,体现一个组织机构的发展方向和行动路线。因此,在进行馆藏数字资源开发与管理活动中,国内外很多图书馆都首先从本馆建设与服务的全局出发,制定明确的战略规划,进而根据战略规划开展具体的开发活动。

英国国家图书馆一向注重从战略层面开展馆藏与服务内容建设的规划。2011 年,英国国家图书馆发布了未来 4 年的战略规划,即《日益增长的知识:英国国家图书馆 2011—2015 年规划》。该项规划明确了 2011—2015 年期间英国国家图书馆在馆藏和服务方面的五大战略重点,即确保后代的获取权、确保研究人员的信息获取权、支持重要的社会和经济领域的学术团体、丰富国家文化生活、对不断增长的世界知识体系进行引导与合作。其中,英国国家图书馆提出了关于数字馆藏开发与管理的若干项战略目标与措施,致力于"公共数字资源能够被用户发现、访问、下载、共享以及重用",相关采取的战略措施包括:将自愿和法定呈缴资源转化为纯数字化内容,采集英国国内合法授权的免费网页;改善馆藏策略,持续进行数字化;开发和利用数字图书馆基础设施收藏和保存数字资源;改变报纸信息的访问模式,开展 2000万份报纸数字化;建设、整合和提供多媒体资源;设计并实现先进的馆

---

① 　中国社会科学院语言研究所词典编辑室. 现代汉语词典(第 5 版)[M].北京:商务印书馆,2005:1714.

② 　中国社会科学院语言研究所词典编辑室. 现代汉语词典(第 5 版)[M].北京:商务印书馆,2005:513.

藏数字化规划,进一步开发和实现可用的数字化模型;为用户提供更好的搜索结果和资源访问能力;支持移动办公,利用移动设备完成资源和服务的传递;对授权的数字资源提供更多的在线访问机会;为数字化服务和馆藏内容开发可持续的商业模式①。这份战略规划参照该馆在 2010 年提出的 2020 愿景中的 5 项主题,在《英国国家图书馆的内容战略——满足国家的知识需要》等不同时期发布的战略规划基础上,根据不断变化的环境调整战略重点。

2015 年,英国国家图书馆发布了其 2015—2023 年发展报告《不断生长的知识:英国国家图书馆 2015—2023 战略》,该报告从 6 个方面确立了其战略发展目标,即保管、研究、商业、文化、学习和国际化,战略优先项中包含多项与馆藏开发相关的内容,例如:开发历史音频和音乐录制藏品的服务,开发原生数字内容馆藏,拓展图书馆文化活动的产品组合、多样性和创意影响力等②。

3.1.2　项目规划

战略规划是对全局整体性、长期性问题的把握,项目规划则一般仅对局部目标和行动步骤做出具体设计,是实现战略规划目标必不可少的内容。馆藏数字资源开发与管理项目的规划内容一般涉及资源采集与选择、资源描述与组织、资源保存与服务等方面。图书馆在制定馆藏数字资源开发建设项目规划时,一方面要注重与本馆战略规划内容协调一致,另一方面也要体现项目特色,符合既定工作的一般规律。

以台湾大学图书馆为例,该馆自 2001 年开始参与台湾地区的"典藏数字化计划",整体规划珍贵馆藏资料的数字化工作。自 2002 年

---

①　The British Library's Strategy 2011—2015［EB/OL］.［2015 – 12 – 31］. http://www. bl. uk/aboutus/stratpolprog/strategy1115/.

②　Living Knowledge:The British Library 2015—2023［EB/OL］.［2017 – 05 – 16］. https://www. bl. uk/projects/living-knowledge-the-british-library-2015-2023.

起,该馆持续参与台湾地区"数字典藏'国家型'科技计划",加速馆藏台湾文献文物数据的数字化与数据库建设进程,推进台湾文化特色数字资源的建设与服务①。在参与上述两项计划的工作中,台湾大学图书馆根据整体战略规划,有效制定了本馆的项目工作规划:在内容建设方面,在"数字典藏'国家型'科技计划"第一期,计划开展"台湾文献文物典藏数字化计划"(2002—2006年),就馆藏的《淡新档案》《伊能嘉矩手稿》《台湾古碑拓本》进行数字化的相关工作。在该项目的第二期,计划开展"深化台湾核心文献典藏数字化计划"(2007—2012年),就馆藏的《田代文库》、歌仔册、《狄宝赛文库》进行数字化的相关工作;在建设形式方面,该图书馆馆采取文化财保存与推广利用并重的方针,建设全文影像与全文数字化并行,构建元数据,并利用数字化成果建成数据库,方便各界读者检索使用;在资源整合方面,该图书馆与台湾大学整合型性计划的战略规划协调一致,在第一期计划中,与本校典藏珍贵植物、昆虫、地质、动物、人类等多样标本典藏的数字化计划相整合,第二期台湾大学整合性计划"台湾大学深化台湾研究核心典藏数字化计划"是为"拓展台湾数字典藏"分项计划下执行机构数字典藏,该图书馆配合台湾大学的整合性计划,与台湾大学各项战略规划以及项目计划进行串联和整合,协助建立丰富多样的数字典藏内容,建构台湾自然史与人文史之研究工具与方法论,构建"台湾自然史与人文史数据系统",提供台湾研究核心典藏数据的全面性与完整性。不仅如此,台湾大学图书馆的项目计划中还包括了一整套工作规范,"产出规格"规定了数字化资源的元数据和对象数据的格式要求,"实行标准"规定了数字化加工应执行的技术参数,"工作程序"则规定了针对每种资源的数字化加工工作流程,充分体现了项目规划的具体指导作用。

---

① 台湾大学深化台湾研究核心典藏数位化计划[EB/OL]. [2013 – 12 – 15]. http://dtrap. lib. ntu. edu. tw/DTRAP/index. htm.

3.2 规划的主要功能

技术环境的变化使图书馆用户越来越倾向于通过便捷的手段获取和处理知识信息,改变了用户对于从图书馆获取传统文献资源的依赖性需求,从而导致图书馆的发展方向与数字资源建设的基础都发生转变,处于变革时期的图书馆,必须在生存和发展上具备长远的战略眼光。"凡事预则立,不预则废",无论是战略规划还是项目规划,都是图书馆在对未来进行充分预测的基础上而制定的行动路线图,有效的规划对图书馆的发展以及资源开发的各个层面都将产生深远的影响。

3.2.1 规划具备引领功能

在图书馆运行的过程中,针对各项业务的计划与策略随处可见,但很多计划与策略只是临时性的措施反映,不但内容简单,而且往往没有整体的和长远的考虑,随机性、应急性和分散性特征明显,严格来说,这并不能称为"规划"。规划的制定和出台需要经过严密的论证和决策过程,因此,规划制定的过程实际上就是一个不断凝练图书馆目标和规划发展重点的过程,也可以认为是一种前瞻式的问题解决模式,引领图书馆实现预定的目标。规划的价值在于实施,对馆藏数字资源开发与管理进行合理规划,使图书馆在开展开发活动之前就能够明确方向和目标,在开发过程中根据评估保持规划的动态更新,则有利于不断校验图书馆的发展目标与行动步骤。

3.2.2 规划具备协调功能

既然馆藏数字资源的开发与管理是一项复杂的系统工程,就需要调动图书馆各方面的力量协作完成,调整图书馆的业务布局和岗位设置往往是开发规划中的重要内容。如果在数字资源开发中缺乏规划,或者规划不清晰,那么图书馆关于开发活动的运行就没有明确的指导。制定和实施开发规划,有助于图书馆实现各项资源的有效分配和利用,建立集中一致的团队力量来从事开发活动,同时也有利于将各部门的分散决策和行动协调一致,形成合力,不断增强图书馆的发展活力。

3.2.3 规划具备规范功能

"无规矩无以成方圆",图书馆规划的内容、方法和流程都是建立在科学规范性的基础上,并且馆藏数字资源的开发与管理要按照图书馆决策通过的规划来进行,规划在一定范围内具有强制性的意义。因此,也有人认为,是否制定规划成为图书馆管理规范化、专业化和现代化的重要标准。要想实现高质量、深层次的数字资源开发,在规划中就应考虑选题、数据来源、元数据与对象数据的规范性问题①,必须通过项目规划确立项目执行标准,才能使整个开发活动处于规范、有序的进程中,从而推动提升图书馆各项业务的规范化水平。

3.2.4 规划具备培养功能

图书馆员工通过参与规划制定过程,分析和理解规划内容,能够对图书馆及其馆藏数字资源开发的外部环境和图书馆的情况有更清晰的认识,进而对开发的方向和目标有更深入的理解,一方面,够促进员工在战略意识层面得到显著的提升和发展,有利于个人素质的培养;另一方面,员工对规划和项目的深刻理解将会直接作用于开发活动,即员工能够更投入、更有效地执行数字资源开发与管理工作,制定和分析的过程实际上也是培训的过程。此外,规划的过程和氛围也赋予了图书馆员工更明确的责任感和使命感,有利于激发员工的积极性和创造性,提高价值认同感。

---

① 何建新,刘锋.图书馆特色数据库质量控制探讨[J].新世纪图书馆,2011(5):68—71.

3.3 制定规划的原则

规划具有指导和约束的作用,直接影响馆藏数字资源开发的成果。要避免规划的随意性和分散性,就必须明确制定规划应遵循的原则。国外学者 Riggs 提出,图书馆规划应遵守 5 个要素[1]:

- 为了战略选择而制订实施方案,并确保正式规划能具体执行;
- 规划制定的总目的必须使复杂的图书馆的各种标准被人们完全了解;
- 充分考虑规划的要旨、总计划、期限、方法等;
- 规划系统必须与其他管理系统结合起来;
- 在规划的制定中,各工作流程的管理者和部门领导必须参加。

规划能够帮助图书馆认清当前所处的内外环境,为图书馆及其具体业务工作的长远发展指明方向,明确战略发展目标、重点和策略、路径。在当前图书馆发展环境下,馆藏数字资源开发规划应遵循适宜和特色原则、系统和整体原则、标准和可靠原则、效率和质量原则、科学和发展原则。

3.3.1 适宜和特色原则

馆藏数字资源开发规划首先必须满足各个层面的适宜性要求。从宏观层面上,馆藏数字资源开发规划必须与国家经济文化发展环境相适应,同时,也要考虑图书馆所在地区、行业或系统的现实环境;在微观层面上,馆藏数字资源开发规划要符合图书馆中长期战略规划要求,并且与图书馆的馆藏资源特色以及用户需求相匹配。如果计划开发的数字资源并非本馆建设与服务优势所在,或者用户需求程度比较

---

① 唐纳德.E.里格斯,杨柳.图书馆战略规划的评价方法[J].图书馆,1986 (6):52—54.

低,那么规划就具有先天的缺陷,实施效果自然难以保障。与适宜性密切相关的,是馆藏数字资源开发的特色化问题,特别是在数字资源海量涌现的现实条件下,毫无特色或者特色不突出的数字资源很快就会被淹没在信息海洋中。计算机技术的发展为实现特色化提供了多种可能,在规划中必须考虑在数字资源内容、组织形式、使用方式等方面呈现图书馆鲜明的个性和特点。

3.3.2　系统和整体原则

馆藏特色数字资源开发不是一个孤立的活动,它是全社会信息资源建设与服务的组成部分,也是推动图书馆生存和发展的重要方面。图书馆在制定馆藏数字资源开发规划时,必须保持较高的站位,无论涉及资源多少或者项目大小,都应首先纳入国家和社会信息资源建设系统中考虑相关的问题,进而逐步细化和落实到本馆和具体项目层面。所谓"牵一发而动全身",在规划中坚持系统和整体原则,就是要协调、调度图书馆内外的资源、设备和人员,畅通协调和沟通渠道,避免出现各个部分发展目标不均衡或者开发环节衔接不顺利的问题,同时也为数字资源开发成果的传播和共享奠定基础,使数字资源开发活动高速高效、健康有序地进行,同时也能更有效地应对嬗变的环境。

3.3.3　标准和可靠原则

规划要有特色,同时也必须考虑标准问题,这里包含两方面的含义:一是规划本身的标准问题,例如,在规划的编制体例方面,虽然目前并没有形成一致的标准,但基本也形成了通用的框架,战略目标、愿景、使命、环境扫描是战略规划的核心内容[①],如果这些重要内容出现缺失则将导致规划不清晰、不完整,从而影响指导实践的功能;二是规划内容对于馆藏数字资源开发所涉及标准的考虑,主要是指与数字资

---

① 余倩,陶俊.国外最新图书馆战略规划体例评析[J].图书馆建设,2009 (10):103—108.

源加工、整合、管理等相关的系列标准，例如，于 2011 年正式启动的"数字图书馆推广工程"，在发展规划中就考虑了标准规范体系问题，主要思路是在国家数字图书馆已经形成的标准规范基础上，借鉴国内外已有的、成熟的标准规范成果，结合推广工程的实际需要建立推广工程标准规范体系①。

馆藏数字资源开发要对大量的资源进行加工、存储、传递和整理，因此，无论是对用于数字化加工的原始文献，还是完成加工的数字资源，资源的安全和可靠都是至关重要的，在规划中必须予以体现，一方面是技术安全，对资源加工方法、资源存储等建设计划都必须从安全的角度出发；另一方面是内容安全，所开发的资源必须符合法律法规要求，规划对内容选择和版权获取都要提出明确要求。

3.3.4　效率和质量原则

制定规划的过程也是战略思考、行动和研究学习的过程。在规划目标的引领下，规划能够帮助图书馆更加科学合理地设计馆藏数字资源开发和管理活动，促进图书馆统筹和管理相关的工作流程改造，推动图书馆进行更优化的业务选择，有效地规避馆藏数字资源开发和管理活动中可能出现的风险，从而提高图书馆的整体效率。通过预先规划，图书馆对馆藏数字资源开发和管理中的关键问题进行全面分析，明确工作重点所在，这也有利于图书馆提高决策质量，保障馆藏数字资源开发与管理工作的顺利开展，创造开发出高价值的优秀数字资源产品。

3.3.5　科学和发展原则

规划的基本要求包括制定规划流程的科学性和合理性。一项行之有效的规划必须建立在实践环境的基础上，并经过严密的制定和决策流程。正式开始制定馆藏数字资源开发规划之前，需要先进行大量

---

① 赵悦等.数字图书馆推广工程标准规范体系建设规划与实践[J].国家图书馆学刊,2012,21(5):46—53,59.

的基础工作,特别是对图书馆外部和内部环境的分析,应注重积累客观、准确的调研数据,对社会环境、同类资源、本馆开发资源、成果应用需求以及本馆技术能力等,都应在规划阶段形成准确、详细的认识。此外,由于开发项目之间可能存在接续或者交叉关系,因此,对规划进程的衔接、转换和更替也应当有一定的准备。馆藏数字资源的开发不是一项封闭的工作,其规划必须具备发展性,同时考虑中长期和短期的开发目标。规划的发展性也体现在可操作性方面,可操作性差的规划将成为空中楼阁,失去对馆藏数字资源开发工作的指导作用。

3.4 制定规划的常用方法

规划的本质是从一项目标发展的源头来分析和解决问题,指引组织机构对外部和内部环境做出正确判断,通过分析、选择、沟通等一系列过程,明确一个组织机构或一项活动的发展目标,从而拟定针对目标的具体行动策略,投入有限资源保障最重要目标的实现。科学的规划需要借助相关的方法或者工具来完成,在商业和信息咨询领域,一些战略规划方法在实践中不断发展成熟,图书馆在制定规划的过程中多有借鉴,常用方法包括:PEST 宏观环境分析法、需求分析方法、相关行业分析方法、竞争分析方法等①。

3.4.1 PEST 宏观环境分析法

顾名思义,宏观环境分析法主要是帮助组织机构检视外部宏观环境的一种分析方法。这种方法将组织机构的外部环境划分为 4 个方面:政治环境(political)、经济环境(economic)、社会环境(social)和技术环境(technological)。PEST 方法提供了一个清晰的分析框架,组织机构按照这个框架,根据自身特点和运行的需要,分析宏观环境中对

---

① 江洪.图书馆战略规划研究[M].北京:科学出版社,2013:40—59.

自身影响重大、利益攸关的因素并对其进行评价,从宏观层面上认识和把握影响组织机构的关键因素。

PEST 宏观方法可适用于图书馆整体战略规划,同样也可作为馆藏数字资源开发与管理项目规划的一种重要方法。在政治环境方面,法律法规、政策文件等具有强制力的影响因素对馆藏数字资源开发与管理具有一定的指导意义,并带来强有力的约束作用,是馆藏数字资源开发活动在进行主题内容选择、资料获取与加工等方面规划时必须首先考虑的问题。例如,著作权相关法律法规对图书馆进行馆藏数字资源开发与管理的影响是显而易见的,而"西部大开发""一带一路"等国家战略开发目标则会对图书馆馆藏资源开发的主题方向带来重要影响。在经济环境方面,除了开发经费投入的影响以外,数字资源产品所面临的市场环境对图书馆进行馆藏数字资源开发和管理也会产生一定程度的影响。在社会环境方面,文化发展、社会价值、教育水平等因素与用户的信息资源需求息息相关,是图书馆进行馆藏资源开发主题选择时需要研究分析的重要因素。在技术环境方面,由于数字资源的发展与信息技术领域的发展始终紧密相连,因此,技术变革、新技术应用直接影响到馆藏数字资源开发的实现形式,新媒体技术发展与图书馆开发建设新媒体资源的正向互动就很好地说明了这种影响关系。

当然,利用 PEST 宏观分析框架制定图书馆战略规划或者馆藏数字资源开发项目规划,应当遵循科学、严谨原则,充分研究分析当前所面临的政治、经济、社会和技术等各方面的宏观环境,提炼与分析关键要素,依照适宜和特色原则、系统和整体原则等完成规划制定。

表 3-1　PEST 宏观分析框架

分析框架	影响因素
政治与法律环境	法律、法规、政策文件、政府等
经济环境	经济增长、货币与财政政策、消费、投资、就业等
社会文化和自然环境	人口、地理分布、教育、职业和商业观念、生活方式、社会价值、自然资源、生态保护等
技术环境	技术变革速度、产品寿命周期、新技术等

3.4.2　需求分析方法

需求分析方法源于商业领域对消费者中心的关注和分析,主要包括消费行为分析、产品结构分析、需求识别分析方法等。图书馆主要是根据对消费者即图书馆服务对象利用图书馆的动机和影响因素、信息消费行为等方面的分析,制定图书馆战略规划或者馆藏数字资源开发与管理项目规划。

消费行为分析是制定规划的重要基础。对图书馆而言,用户的消费行为主要是指用户为满足自身信息资源需求而利用图书馆资源与服务的过程。用户利用图书馆资源和服务往往受到各种不同因素的影响,图书馆只有在了解用户利用图书馆的动机、目标、影响因素以及信息获取与利用习惯的基础上,才能科学、有效地制定规划,提出与用户需求相匹配的馆藏资源建设和服务策略。在商业领域围绕消费行为分析已经总结和创造了一系列的研究方法和工具,图书馆开展相关工作可参考商业领域的成熟方法,根据图书馆具体情况加以改造和利用。

从广义上讲,图书馆提供信息资源与服务,满足用户的信息服务获取与利用需求,即是提供信息产品的过程。由于图书馆信息资源丰富,信息服务多样化发展,在逐步建立的知识服务体系中,图书馆面向用户提供具备不同结构的知识服务产品。在一些情况下,图书馆所提供的是特定的产品组合,这些信息产品之间存在着多种联系,这种现象就是采用产品结构分析方法制定规划的理论和现实基础。由于消费者即用户需求的引导,图书馆开发的多元化知识服务产品细分体系之间存在着需求结构性变化,需要图书馆在制定战略规划时确定服务的重点产品,发现服务调整和优化改进的方向。

信息需求是用户利用图书馆的根本出发点,恰当地识别用户需求是制定有效的馆藏数字资源开发规划的重要基础。需求识别就是根据需求产生的原因及影响因素,分析用户所处的环境、应用背景以及用户自身状态对需求的影响。需求识别主要有两种方法:一是从现有信息服务产品消费过程入手,分析用户对图书馆信息服务的评价态度,从而作为新产品开发规划的参考,近年来,用户满意度调查、用户需求调查等方法在图书馆环境中得到广泛的应用;二是对环境变化进行扫描与评估,分析和预测用户利用行为的变化和行业发展趋势,从而识别出可能出现的新需求,作为制定未来开发规划的参考。

3.4.3 相关行业分析方法

图书馆的本质属性是中介性。在信息流通过程中,图书馆始终处于中介地位,与信息生产者以及信息利用者之间通过信息传递和交换建立密切联系。随着数字信息技术的快速发展,信息生产者分布更为广泛,类型更为多样,而信息利用者的信息需求和使用习惯也在很大程度上较传统文献信息时代发生了较大转变。在这种情况下,图书馆想要更好开展馆藏数字资源开发与管理活动,就必须深入了解和分析相关行业,找准图书馆自身定位,从而进行合理规划。相关行业分析方法主要包括产业集中度分析、价值链分析、关键成功要素分析、产品生命周期分析等。

产业集中度也称为市场集中度,主要是指某种行业内少数企业的生产销售情况对该行业的整体支配程度。目前,图书馆的知识服务特性愈加明显,因此,对信息服务产业、文化产业等与图书馆关联度较高的行业发展建立整体认识,分析相关行业对图书馆发展的影响,是图书馆制定各类规划的重要参考。同时,了解某类型数字资源的产业集中度对于图书馆制定数字资源开发建设规划也是非常重要的,有利于评估和发现图书馆数字资源建设未来发展的趋势。

价值链是由相互联系的价值活动衔接而成的有机系统,包括基本活动和辅助活动,涵盖组织机构运行的各个方面。价值链分析就是将行业价值链各环节全面展开,发现和分析其利润区分布与战略重点,从而引导价值链发展方向。基于图书馆的价值链开展规划分析,能够有效保障规划的准确性和实现程度,发现图书馆及其资源服务的价值所在,并发展战略重点,为业务发展提供准确支持,达到提升图书馆价值的目标。

关键成功要素是组织机构在竞争中取胜的关键要素。在实践中，一般采用判别矩阵的方法识别和分析关键成功要素，在细化和深入分析的情况下，关键成功要素也可能存在层级关系，一项关键成功要素包含若干项子要素。关键成功要素分析方法是图书馆进行规划常用的方法，识别图书馆的关键成功要素有助于图书馆构建战略目标的核心结构，分析不同层次的关键成功要素则有利于图书馆细化战略目标，提高规划的准确性和可操作性。

产品生命周期是指产品从创造产生直至消亡的整个过程，对这个过程中各个环节所涉及问题的分析和研究也是制定各类规划的一种思路和方法。数字资源生命周期涵盖数字资源的产生、管理、存储、保存和使用过程①，图书馆对生命周期不同阶段的发展规律和特点开展研究，有针对性地制定相应的开发和服务策略，以此为主体完成规划内容。

3.4.4 竞争分析方法

竞争分析是通过某种分析方法识别出一定环境中组织机构的竞争对手，并对竞争对手的目标、资源、战略等要素进行评价，其目的是为了准确判断竞争对手的战略定位和发展方向，并在此基础上预测竞争对手未来的战略，估计竞争对手在实现可持续竞争优势方面的能力，从而确定本组织机构在行业中的战略地位，合理制定本组织机构的各类规划。竞争分析方法可以帮助图书馆在新的信息环境下，更好地研究来自外部的竞争压力，明确竞争环境、竞争对象、竞争目标，明确自身的核心竞争力，从而培养自身适应环境变化的能力。常用的竞争分析方法包括五力模型分析、SWOT 分析等。

美国学者迈克尔·波特(Michael Porter)提出，一个行业内部的竞

---

① 李文生. 数字资源生命周期与长期保存政策[J]，情报科学. 2012(7)：1071—1075.

争状态取决于五种竞争作用力：潜在进入者、供应商、现有竞争对手、消费者和替代品，这五种竞争力量构成了"五力模型"。"五力模型"可作为图书馆了解自身在本行业以及整个市场中所处地位的分析框架，通过对潜在进入者、供应商、现有竞争对手、消费者和替代品的分析，图书馆能够有效地识别自身的优势和劣势，明确发展目标，做出正确决策，从而更好地制定各类发展规划。

SWOT 分析方法是信息咨询和战略规划中常用的分析方法。这种方法是通过分析组织机构的内部条件和外部环境，识别内外环境所形成的竞争优势（stengths）、劣势（weaknesses）、机会（opportunities）和风险（threats），抓住影响组织机构的核心因素进行详细分析，通常也是以分析矩阵的形式展现分析过程。SWOT 分析方法在图书馆范围内得到了广泛的应用，于良芝等学者认为，采用 SWOT 分析方法有助于把规划制定者提升到战略思维的高度，增强图书馆判断当前形势的准确性、减少对未来做出不当选择的风险，但这种方法同时也具有一定的局限性，包括分析程序缺乏规范性、分析过程过于主观性等，图书馆在应用这种方法制定规划时，应考虑通过集体分析等方式弥补其局限性①。

3.5 制定规划的一般流程

馆藏数字资源开发与管理规划是逐步推进直至最终确定的有序过程，其间各个环节紧密相连，理论意义上的规划通常起始于环境分析，但在实践中，需要先期完成许多基础性的工作，涉及组织建制、信

---

① 于良芝等.SWOT 与图书馆的科学规划：应用反思［J］.国家图书馆学刊，2009（2）：17—22.

息采集、信念树立等方面①。一种观点认为,规划的基本流程分为两个部分:规划制定和规划管理。规划制定的主要流程包括:提出初步意向,完成规划前期准备;明确使命、价值、需求和利益相关者;评估图书馆内部和外部环境;提出规划问题,最终形成规划。规划管理主要开始于规划制定的后期,主要流程包括:审查与采纳规划;规划的宣传与认同;规划的实施;规划的重新评估。

3.5.1　设立规划组织机构

设立规划组织机构是制定规划的基础工作,主要内容就是为制定和实施各类规划建立有效的组织和制度保障。在一项针对图书馆战略规划文本的调查中发现,承担战略规划编制工作的机构涉及七类:图书馆、学会(协会、联盟)、大学、基金会、议会、其他机构和个人②。

国外图书馆的规划组织机构主要有两种类型,最为常见的是组织本馆工作人员成立专职从事规划工作的部门或机构,全面负责本馆规划制定工作。例如,英国国家图书馆根据其本国法律,成立了英国国家图书馆理事会作为图书馆治理机构,理事会的首席执行官负责图书馆全面的组织、管理和图书馆员工管理,以及图书馆战略形成与成果展现。英国国家图书馆每年召开 6 次理事会会议,其中一次是战略发展会议。为帮助英国国家图书馆更有效地阐明和执行其规划,该馆同时还建立了顾问委员会,成员分别来自不同的机构③。美国新泽西州立图书馆成立了一个由 20 位成员组成的规划指导委员会,成员包括经验丰富的资深图书馆员工,同时也包括刚刚踏上工作岗位的新员工,通过这类的人员配置,力图实现规划在稳定性和创造性之间的平

---

①　赵益民.图书馆战略规划流程研究[M].北京:国家图书馆出版社,2011,125—126.

②　赵益民.图书馆战略规划流程研究[M].北京:国家图书馆出版社,2011:82—83.

③　The British Library Advisory Council[EB/OL].[2015 – 11 – 25].http://www.bl.uk/aboutus/governance/advisorycouncil/index.html.

衡。由本馆员工组成负责规划的部门,其优势在于规划人员对图书馆宏观层面和微观层面均有着较为深刻的认识和体验,对于图书馆未来的发展或者具体项目的目标有着强烈而具体的期望,一般比较注重规划细节,有利于把握规划的准确性,提高规划的可操作性。由于工作人员参与了规划的制定过程,对规划的充分理解也有利于规划的顺利实施。但同时也应该看到,这种方式也存在一定的局限性,主要表现为本馆工作人员对外部环境的认识有限,很难把握图书馆在整个信息环境中的定位,从而影响战略规划和项目规划的制定和实施。国外图书馆组织规划的另一种形式是,聘请管理咨询公司协助本馆制定规划,例如,王子乔治郡纪念图书馆聘请 PROCVIDENCE Association 公司协助完成了该馆 1995—2000 年规划。这种形式能够弥补图书馆工作人员囿于自身认识的局限,有利于客观地开展图书馆评价和规划,但同时也存在图书馆与咨询公司之间沟通与合作的问题。

在我国传统的图书馆机构建制中,通常没有设立专门从事规划工作的独立部门。随着规划工作重要性的逐渐显现,图书馆开始重视制定规划,所采用的组织机构形式一般是由本馆工作人员成立虚拟机构进行规划的编制工作,由本馆决策层或者图书馆主管单位的决策层审议通过规划。以国家图书馆为例,该馆根据规划的范围和性质来确定规划制定的组织和机制。对于涉及全馆工作的战略规划或中长期规划,例如国家图书馆"十三五"规划等,采用指定部门牵头同时全馆各个部门共同参与制定的模式,在规划制定过程中,面向全馆人员广泛征求意见,由本馆决策层进行审议,并报请本馆的上级主管机构最终批准通过。对于馆藏数字资源开发项目的规划,则是采用分散制定、统一管理的模式,一般由具体负责开发项目的业务部门具体起草,经过本馆"文献资源建设委员会",或者临时组建的专家论证会,或者"馆务会"审议批准。当然,"馆务会"或"文献资源建设委员会"均属于虚拟性质的机构,由本馆管理者或员工兼职担任,而非专职岗位,这种机制在目前国内图书馆中比较常见。采用这种组织方式进行规划制定工作的优势是显而易见的,一方面这种机制与目前国内图书馆的组织管理模式相适应,便于快速、有效、灵活地组织规划工作;另一方面,这种机制中不但包含了图书馆内部工作人员,也包含聘请馆外专业人员参与规划的模式,有利于图书馆获取来自内外环境的意见和建议,提高规划的全面性。

目前,公共图书馆界逐步开始引入法人治理结构,建立理事会制度,参与图书馆事务管理与决策的理事会成员趋向于从图书馆内外包括图书馆用户中产生,这种管理模式对图书馆规划的制定也将带来积极影响。

3.5.2 确定规划流程与方法

国内外学者对与制定规划的流程和方法进行了大量的理论和实践研究。有学者认为,图书馆战略规划流程包括启动、分析、确认、业务规划、实施、反馈与评价等 6 个阶段[①];也有人认为,这 6 个阶段应该是:环境状况与趋势分析、制定目标、制定战略重点、制定行动计划和划分阶段、制定实施战略的行动方案及提交中选方案[②]。在图书馆规划实践中,一般都需要经历分析内外环境、确定工作目标、提出行动计划等主要环节,而对于规划效果评价的研究与实践相对薄弱,是图书馆在战略规划和项目规划中必须重视的问题。

除常用的 PEST 宏观环境分析法等规划方法以外,图书馆采用的传统规划方法还包括回溯法、系统法、比较法、计量法、咨询法、程序法等,新兴规划方法包括系统分析、系统模型、系统动力学、聚合分析、情景规划等。虽然图书馆在制定规划之前可能并未明确提出所需采用的具体方法,实际上规划的出台一般都是多种方法的融合渗透,例如,图书馆在制定本馆馆藏数字资源开发规划时,通过与国内外同类机构

---

① 盛小平.大学图书馆战略规划的几个基本问题[J].大学图书馆学报,2009,27(2):14—18.

② 杨溢,王凤.图书馆战略规划的制定程序与内容框架研究[J].图书馆建设,2009(10):109—114.

馆藏开发活动相比较为本馆制定战略目标提供参考,通过分析馆藏资源的各种利用情况来确定成果形式,通过调查用户需求确定开发数字资源的主要功能等。当然,无论采用何种方法体系,必须符合制定规划的原则,并确保达到制定规划的效果。

3.5.3 识别和设定规划目标

图书馆馆藏数字资源开发建设规划最重要的内容就是确定开发与建设的目标,包括宏观层面的战略目标以及微观层面的行动目标。目标的确立建立在深入分析图书馆馆藏数字资源开发环境的基础之上,受到经济、社会、政治、信息技术等社会发展大环境的影响,同时,也与本馆的馆藏资源、信息服务以及本馆基础设施条件息息相关。因此,确立战略目标的过程实际上也是综合分析和研究的过程。

1. 战略目标

馆藏数字资源开发战略目标必须与图书馆整体的战略目标保持一致,并与国家、行业以及本系统的信息资源战略规划相协调。馆藏数字资源开发的战略目标并不是一个简单而孤立的愿景,而应该是一个有序而完整的目标体系,其中有三方面应引起图书馆的重视:一是确立战略重点,考虑长远目标、中期目标和近期目标,并且各层次目标都需要体现明确而具体的内容;二是作为一个完整的战略目标体系,必不可少的是提出实现战略目标的路径和方法;三是制定战略目标的同时,应制定检验目标是否实现的标准,从而最终成为检验全部战略规划成效的标准之一。

以国家科技图书文献中心(NSTL)制定战略规划目标为例,该中心意识到"信息环境的迅速变化使得'维持现状和仅仅推广过去的成功是在准备灾难'",在数字信息环境下 NSTL 文献保障体系面临结构性缺失风险,在网络集成环境下 NSTL 服务系统面临有效性削弱风险,因此,该中心将国家科技文献战略保障的根本目标设定为"满足国家科技创新和社会发展对科技文献的需求,保证这种满足的程度不受地区、经济、技术和市场的限制,保证这个满足的程度不受某个时期的需求或认知局限的限制,保障国家对全人类知识成果的拥有与利用能力"①。NSTL 设定的根本目标即宏观目标,同时也是长远发展目标,而具体发展目标则涉及国家科技文献基础保障基地、国家科技文献服务支撑平台和国家科技信息服务发展支持中心三方面的建设,在此基础上,对于其中文文献基础保障基地目标的实现,NSTL 制定了自己的资源建设战略。

NSTL 的资源建设战略总体思路是,保障科技文献资源的连续性、累积性的同时,覆盖主流科技信息形态和支持主流利用方式。针对现阶段的发展环境,NSTL 提出纸本文献资源保障与数字资源保障并重的发展战略,重点加强 NSTL 结构性缺失部分的数字资源建设,加强对 e-Only 期刊的补充建设,加强十分重要、价格昂贵、需求不集中的资源的国家保障,加强低使用率、低保障率资源(包括回溯数据)的国家保障。实现数字资源保障目标的具体行动计划包括组织和支持数字科技文献的全国保障、主动组织数字科技文献长期保障体系建设、建立可持续的文献资源保障规划与调整机制等。

2. 行动目标

行动目标关注微观层面的问题,是对图书馆经过一定时期、一定手段进行馆藏数字资源开发后应达到何种水平所做出的具体规定②,主要包括以下几个方面:

(1)数量目标。即通过开发和建设,本馆或某项目所拥有和可获取的数字资源总量和增量目标,并考虑对本领域或本类型已经生产的数字资源的覆盖水平。例如,国家图书馆在建设地方志数字化资源建设项目中,不但明确了以本馆收藏的 6000 余种旧方志为对象的建设目标,并且与《中国地方志联合目录》著录的全国 8264 种旧方志进行

---

① 张晓林等.数字时代国家科技文献中心的战略选择[J].图书情报工作,2009,53(1):42—46.

② 肖希明等.数字资源建设与服务研究[M].武汉:武汉大学出版社,2008:65.

对比,对未来建设成果以及对本类型数字资源的覆盖情况做出科学有效的预测。

(2)质量目标。质量目标包括内容质量和数据质量两个方面。

内容质量是对建设的数字资源内容的科学价值、使用价值、保存价值等提出明确的标准,包括对数字资源广度和深度的要求。广度是指数字资源所覆盖的学科或主题范围,深度是指数字资源所揭示信息达到的知识内容层次。新加坡国立大学图书馆制定的"东南亚华人历史文献"数字资源项目规划中,对项目建设内容提出了明确的要求,整体上包括各类有关华人移居东南亚及其定居各国后的历史文献,具体文献类型包括:历史文献:历史著作、调查报告、指南、统计、年鉴等参考书,如《华人与创建民国》《闽粤社会与海外华人》《星洲十年》《南洋年鉴》等;报章杂志:由华人创办的日报如《叻报》(1887—1932)、《新国民日报》(1919—1933)、《槟城新报》(1895—1941)、《益群报》(1919—1934)、《星暹日报》(1959—)以及期刊如《南洋杂志》《蕉风》等;华团华社出版物:如宗乡会馆、方言社群组织、校友会、宗教团体、华人商会的纪念刊、会章、会讯等,华文教育史料、华校文献、课程、课本等;家族、个人文献:如宗谱、族谱、家族史、个人回忆录、自传、个人著作、文艺作品、画册、歌谱等;影像图片:如碑铭、文物、个人照片、身份证明文件、地契、单据、图片、广告、通告等①。

数据质量是对建设数字资源所提出的技术标准,一般包括元数据标准、对象数据标准、数据结构标准、数据库系统标准等。数据质量一方面要满足当前技术环境的要求,另一方面应具备一定的前瞻性和开放性,以适应未来的技术革新发展。国家图书馆在其制定的《国家图书馆数字资源建设项目管理办法》中规定,数字资源建设项目实施过程中,项目承担部门和加工单位须遵循相应的资源加工规范,如暂无适用的加工规范,项目承担部门应在项目实施前起草相应的加工规

---

① 关于东南亚华人历史文献[EB/OL].[2013 – 12 – 15]. http://libportal. nus. edu. sg/frontend/ms/sea-chinese-historical-doc/.

范,经业务主管部门审批通过后执行。以民国时期老照片数字资源开发项目为例,国家图书馆依据老照片的数据情况与项目开发需求,制定了一套完整的数据标准规范,包括元数据通用规则、元数据著录细则、分类标签表和对象数据标准规范,元数据规范主要用以明确元数据字段及其著录的具体要求,对象数据规范主要用以规定图像分辨率、色彩位深、文件格式、允许编辑加工情况等一系列具体参数。

（3）特色化目标。特色化目标主要是指图书馆是否根据一定的地理、历史、文化或发展特点,结合本地区与本馆所承担的特殊职能,或者满足本馆的信息服务需求等,确定本馆或某项目的数字资源开发与建设的独特性。在飞速发展的信息环境下,特色化成为对各类信息机构数字资源开发建设的必然要求,因此图书馆行动目标中应包含标志特色化形成和程度的各项指标。

高校图书馆可以将数字资源内容是否与本校相关专业资源需求相匹配作为特色化的标准,建设特色数字资源的类型通常包括:本校学位论文数据库、本校教职工科研成果数据库、重点学科资源库、参考咨询资源库、音视频光盘资源库等。例如:中国农业大学图书馆建设"农书古籍图片"全文数据库,收录《吕氏春秋》《氾胜之书》《四民月令》《齐民要术》《农书》(陈旉)、《农桑辑要》《农书》(王祯)、《农政全书》《补农书》等具有代表性的古农书进行数字化处理①;清华大学图书馆开发建设"中国科技史数字图书馆",包括中国建筑史、中国机械史、中国水利史、中国数学史等领域的历史文献资料②。

公共图书馆基于其馆藏基础和服务职能,开发数字资源的特色性体现在地域性特色、社会特色、历史特色、民族特色等方面。例如:首都图书馆依托本馆馆藏建设全面反映北京历史文化特色的"北京记

---

① 数据库介绍[EB/OL].[2013 – 12 – 05].http://www.lib.cau.edu.cn/syzl_1.htm.

② 中国科技史数字图书馆资料库[EB/OL].[2015 – 10 – 25].http://dlh-stc.lib.tsinghua.edu.cn:4237/home/database/htm/.

忆"数字资源,开发的资源类型包括期刊报纸、老照片、金石拓片、历史地图、音视频文献以及专题讲座;黑龙江省图书馆建设"哈尔滨建筑凝固的历史文化""北大荒专题数据库""黑龙江非物质文化遗产""东北招幌""神奇鄂伦春"等二十余个反映不同时期该地区社会、历史、文化等各方面发展情况的数字资源。

(4)结构目标。结构目标是指图书馆对各种不同类型、不同内容和功能的数字资源的组织和配置关系。在资源的学科结构、文种结构、时间结构、资源类型结构等方面。馆藏数字资源结构规划与传统文献结构规划并没有实质性的差别,图书馆通常会采用通用的或具备良好实践基础的传统规划方法。但在数字资源开发过程中,其结构目标存在特殊之处,主要是对于数字资源等级结构的描述与规划。数字资源等级结构是指根据数字资源的内容价值与用户需求的程度和层次,划分采集与存储的级别,并规划相应的建设目标。

美国伯克利图书馆提出数字馆藏划分的 4 个级别:永久保存级、服务级、镜像级和链接级[1]。永久保存级是指保存价值已经得到鉴定,用途得到认可,具有唯一性,具有稳定性;服务级是指直接用于用户服务的数据;镜像级是指其他来源数字资源的拷贝,经常不可存取,因此,不能作为图书馆的主要馆藏;链接级是指通过网络链接或者导航的形式引导图书馆用户使用的信息资源。国家图书馆根据数字资源保存和利用的不同特点,将数字资源对象数据划分为长期保存级和发布服务级,长期保存级数据主要以光盘或者磁带为保存介质,并同时保存一份以上作为备份,采取更新和迁移等方式,保证数字资源的安全存储和永久获取;发布服务级数据主要是为了满足用户服务需求而制作,数据加工质量和保存级别相对略低。

---

① 代根兴.数字时代的图书馆信息资源建设[M].北京:北京图书馆出版社,2006:27.

3.5.4 设计数据库功能

数据库功能设计实际上是一项馆藏数字资源开发与管理项目规划的行动计划安排,通过数据库功能设计能够将规划的开发目标具体化和可操作化。针对馆藏数字资源开发可能面临的各种问题,数据库功能设计规划一般是针对数字资源的个性化特征而提出解决功能问题的思路和方法,着眼于技术创新、标准规范、资源整合、协同合作以及对政策法规的应用等方面。

在具体的数字资源开发与管理项目规划中,数据库或知识库的使用功能设计是十分重要的内容,直接影响数字资源开发的效果。图书馆在开展数据库功能设计规划时,应首先从项目目标出发,以用户需求为导向设计和规划数据库功能,在此基础上,按照规划开展数字资源加工建设活动,以确保数字资源开发活动达到预期效果。以国家图书馆建设的"碑帖菁华"数据库为例,由于碑帖资源的来源是用户需求的重要内容,数据库不但需要具备完整展示碑帖资源的功能,同时还必须能够有效揭示资源来源的信息,因此,国家图书馆在进行数据库功能设计规划时充分考虑到这方面的要求,制定了内容丰富的元数据加工规范,要求元数据不仅揭示碑刻责任者、制作年代、出土地点、拓片版本等基本情况,而且深入揭示拓片原物状况、附刻、书体与行款等有关内容,除此以外,在数据库发布平台上,对拓片的关联关系进行揭示,方便用户从各个方面了解和使用拓片这种特殊类型的文献资源。

为了用户能在统一的检索界面中检索、浏览和使用数字资源,图书馆通常会对不同数据结构、不同系统平台、不同发布方式和检索方式的数字资源进行整合,根据一定的需要和技术,实现资源之间的无缝链接,因此,开发规划应该包含数字资源整合的思路,主要是指对数字资源的布局进行长远规划,考虑不同建设主体之间的协调发展,同时实现各种数字资源要素的结构性优化,从知识层面揭示数字资源。

当然,随着信息技术的发展,新技术应用在馆藏数字资源开发中越来越显示出重要的作用,在进行数据库功能设计时,应充分应用新技术、新方法,以便达到更好的开发效果。

3.5.5 规划实施与管理

任何规划都只有在有效实施之后才能体现其价值。在馆藏数字资源开发和管理活动中,制定科学、合理的规划固然重要,但保证规划的顺利实施才是规划的真正意义所在,也是图书馆发挥馆藏数字资源作用的关键环节。

图书馆针对馆藏数字资源开发项目规划应建立相应的管理工作机制,主要包括三方面的工作:一是确立数字资源开发与管理规划的实施与管理工作流程,结合规划实施的一般流程,并结合本馆的现实情况,明确规划实施的具体步骤,理顺规划管理的主要脉络。二是确立数字资源开发与管理相关责任体系,指定规划制定、审批、实施、监督、检查以及评估各个环节工作的责任部门和责任人,明确划分相关责任部门或责任人的职责范围和考核要求。责任不明确会导致规划难以推进,考核标准过高或过低都会影响规划实施的具体效果。三是重视规划实施方案的制订与执行,有效落实规划内容。规划实施方案的制订和执行具有具体化和多样化的特点,通常实施方案的内容包括项目目标、实施方法、经费预算、进度计划等。此外,在规划实施方案中,对于一些重点、难点问题以及不可预见的风险都应当提出相应的解决预案,只有充分、全面的实施方案才能保证其操作指导意义。

3.5.6 规划评估

馆藏数字资源开发与管理规划在实施的过程中,往往会受到国家政策法规、文化发展背景、信息技术变革、经费条件等多种因素的影响,因此,在规划开始实施以后,选择恰当时机开展对规划的评估是十分必要的,也是完成工作绩效评估的一项重要内容。开展规划评估的主要目的包括以下几个方面:一是评估规划的效果,对规划取得的实际效果和规划目标的实现程度做出客观评价,在肯定馆藏数字资源开发与管理成绩的同时,也发现和总结规划及其执行过程中存在的问题;二是为规划的制度化和规范化奠定基础,通过评估保持对环境变化的相对敏感性,实现对规划的验证和修正,为将来制定新的规划和持续性的规划提供参考资料。

馆藏数字资源开发与管理活动不仅具有明显的共性特征,不同的开发项目还具有不同的个性特征,因此,在开展规划评估时,图书馆应建立一套完整的评估机制,围绕评估目的设定相应的评估标准,探索和制定既能达到评估目的同时也便于操作实施的评估方法,并明确评估标准制定、数据采集、评估执行等各个环节的评估责任。

4 馆藏数字资源加工

4.1 资源加工

一般地说,一个数字对象就是一个具有唯一标识的数字资源。一个数字对象的组成包含3个要素:对象数据、元数据、唯一标识符。对象数据与元数据通过唯一标识符来建立彼此之间的关联关系。唯一标识符基本都不包含元数据信息,而是通过在元数据中包含唯一标识符(一个或多个)这种方式来建立元数据与对象数据的指向关系。

4.1.1 对象数据的加工

4.1.1.1 文本信息加工

1. 相关概念

(1)文本(text):指以字符、符号、词、短语、段落、句子、表格或者其他字符排列形成的数据,用于表达意义,其解释基本上取决于读者对于某种自然语言或者人工语言的知识。文本主要用于记载和储存文字信息,而不是图像、声音和格式化数据,常见的文本文档的扩展名有.txt、.doc.、.docx、.wps、.pdf等。

(2)文本文献(text document):指主要用文字与符号进行记载的印刷型文献或缩微型文献。

(3)文本数据(text data):指主要用文字与符号进行记载的计算机数据。

(4)版面分析(layout analysis):指将扫描得到的图像划分成区域块,也就是划分出所要识别的图像中文字所在区域范围。版面分析分为自动版面分析和手动版面分析。简单的图像版式一般使用自动版面分析,报刊等复杂版式一般采用手动版面分析,以免遗漏所要识别的文字。

(5)光学字符识别(optical character recognition),即光学字符识别,简称 OCR 识别,它的工作原理:通过扫描仪或数码相机等光学输入设备获取纸张上的文字图片信息,然后对图像文件进行自动分析处理,获取文字及版面信息。文本信息加工根据加工内容的不同可划分为以下四种类型:少量文本信息加工、大量文本信息加工、带图表的复杂文本信息加工、实时录入信息。

一般来说,少量纯文本信息借助键盘或者通过文本录入的方式即可实现信息的采集和加工。大量纯文本信息加工,一般需要借助扫描仪与全文识别软件,从而达到对大量文本信息的批量获取。对图像文件进行全文识别的技术主要是 OCR 识别,即使用电子设备(例如扫描仪或数码相机)检查纸上打印的字符,通过检测暗、亮的模式确定字符的形状,然后用字符识别方法将形状翻译成计算机文字的过程,简单地说,就是对文本资料进行扫描,然后对图像文件进行分析处理,获取文字及版面信息的过程。在 OCR 识别过程中,如何除错或利用辅助信息提高识别正确率是迫切需要解决的问题。衡量一个 OCR 识别系统性能好坏的主要指标有拒识率、误识率、识别速度、用户界面的友好性,产品的稳定性,易用性及可行性等①。

对于带图表的复杂文本信息,如果数量较少,也可采用手工录入结合人工整理的方式实现,但如果需要处理的文本信息数量较大,则需要借助扫描仪和相关软件。这种复杂文本信息通常需要通过一定的文件格式进行封装,例如 PDF 格式,这种文件格式是由 Adobe 公司开发的一种通用文件格式(可跨操作平台,无论是在 Windows、Unix 还是 Mac OS 操作系统中都可以通用),可将文字、字形、格式、颜色及独立于设备和分辨率的图形图像甚至超文本、音视频等,封装在一个文件中。在这方面,双层 PDF 文件是在保持原有图像文件表现形式的同

---

① ICR[EB/OL].[2015 - 10 - 25]. http://baike. baidu. cn/view/17761. htm.

时实现文档文本化的一种较为理想的封装格式,具体说来,双层 PDF 文件是指将标准资料通过扫描仪快速录入后,经过去污、纠偏和 OCR 识别,直接生成可供检索的 PDF 文件,这个 PDF 文件是双层的,即上层是原始图像,下层是识别结果,这样不但可以 100% 保留原始版面效果,并且支持选择、复制、检索等功能,这种类型的 PDF 文件最后可以存储在光盘、硬盘或磁盘阵列中,并通过建立索引数据库进行科学的管理。双层 PDF 的出现有效解决了识别成本与阅读利用之间的矛盾,是一种较有发展潜力的资源格式。

实时录入信息是指将音频信息转化获取为文本信息,转化可以通过人工录入来实现,但这种方式存在明显的缺陷,即录入速度和产出量十分有限。因此,目前该领域已经探索引出多种人工智能技术,如模式识别、自然语言处理等,以期提高转化加工的效率。

2. 加工原则

进行文本信息加工必须遵循一定的原则,一般考虑以下几个方面:

(1)项目化原则。所有文本数据加工必须首先立项,通过项目管理的方式有利于保证文本信息加工的顺利实施。

(2)低耦合原则。文本信息加工涉及文献选取、文本制作、元数据加工等多个流程,各流程间要保持一定的独立性,避免交叉,加强流程间接口的管理以确保文本信息加工流程清晰有序。

(3)顺序安排原则。文本信息加工必须按照既定的加工流程进行。根据加工实施的具体情况,允许适当调整工作流程,但不能颠倒流程,同时,严格控制工作质量,每个工序必须要达到该工序的质量要求才能进行下一工序。

(4)面向用户原则。无论加工何种内容,文本信息加工的最终成果都是为图书馆用户服务,因此,加工过程中必须充分考虑更好地满足用户服务的原则。

(5)效率原则。随着技术的发展,加工工具(包括各种相关软硬件设备)的功能和性能不断得到提高,在选择加工工具和进行具体操作时,应保证加工的总体效率达到预期目标。

3. 文本内容编码标准①

关于文本内容编码标准,推荐图书馆使用 GB 13000《信息技术——通用多八位编码字符集(UCS)第一部分:体系结构与基本多文种平面》或 ISO/IEC 10646《信息技术——通用多八位编码字符集》,对于纯西文字符则可以采用 ASCII 码,相关标准的具体内容参见表 4 - 1。

表 4 - 1　文本内容编码的主要标准

编码	标准名称或来源	内容说明
ASCII	American Standard Code for Information Interchange,美国信息交换标准码	美国国家标准学会制定的标准的单字节字符编码方案。主要用于显示现代英语和其他西欧语言。它等同于国际标准 ISO/IEC 646。ASCII 码使用指定的 7 位或 8 位二进制数组合来表示 128 或 256 种可能的字符。标准 ASCII 码也叫基础 ASCII 码,使用 7 位二进制数来表示所有的大写和小写字母,数字 0 到 9、标点符号,以及在美式英语中使用的特殊控制字符。后 128 个称为扩展 ASCII 码,扩展 ASCII 码允许将每个字符的第 8 位用于确定附加的 128 个特殊符号字符、外来语字母和图形符号

---

① 龙伟,罗云川. 国家图书馆文本数据加工标准和操作指南[M]. 北京:国家图书馆出版社,2012.

续表

编码	标准名称或来源	内容说明
Unicode	The Unicode Consortium（Unicode 联盟）	Unicode 是一种在计算机上使用的字符编码。它为每种语言中的每个字符设定了统一并且唯一的二进制编码，以满足跨语言、跨平台进行文本转换、处理的要求。它由 Unicode 组织在 1991 年首次发布，Unicode 的开发结合了 ISO 所制定的 ISO/IEC 10646。Unicode 与 ISO/IEC 10646 编码的运作原理相同，但 The Unicode Standard 包含更详尽的实现信息。UTF-8 以字节为单位对 Unicode 进行编码。UTF-16 编码以 16 位无符号整数为单位
ISO/IEC 10646	Information technology—Universal Multiple-Octet Coded Character Set，信息技术——通用多八位编码字符集，亦称大字符集，简称 UCS	由国际标准化组织颁布，用来实现全球所有文种的统一编码。该标准被广泛应用于电子化的表示、传输、交换、处理、储存、输入及显现世界上各种语言的书面形式以及附加符号。国际标准化组织于 1993 年发表 ISO 10646 国际编码标准的首个版本，全名是 ISO/IEC 10646 第一部分（ISO/IEC 10646—1∶1993）。它收录了 20902 个表意字符
GB 18030	国家标准 GB 18030—2000，信息交换用汉字编码字符集基本集的扩充	该标准有两个版本：GB 18030—2000 和 GB 18030—2005。GB 18030—2000 是 GBK 的取代版本，它在 GBK 基础上增加了 CJK 统一汉字扩充 A 的汉字，它规定了常用非汉字符号和 27533 个汉字（包括部首、部件等）的编码，是强制性标准。GB 18030—2005 在 GB 18030—2000 基础上增加了 CJK 统一汉字扩充 B 的汉字，增加了 42711 个汉字和多种我国少数民族文字的编码，增加的这些内容是推荐性的。故 GB 18030—2005 为部分强制性标准，自发布之日起代替 GB 18030—2000

编码	标准名称或来源	内容说明
GB 13000	国家标准 GB 13000. 1：1993，信息技术通用多八位编码字符集（UCS）第一部分：体系结构与基本多文种平面	等同采用国际标准 Information technology—Universal Multiple-Octet Coded Character Set（UCS）—Part 1：Architecture and Basic Multilingual Plane GB 13000 的字符集包含 20902 个汉字

4.常见文本文件格式

（1）TXT 格式：全称 text，是一种纯文本格式，没有任何文本修饰，没有任何粗体、下划线、斜体、图形、符号或特殊字符及特殊打印格式的文本文件。几乎所有的文字处理软件都能识别这种格式的文件，这种格式在不同操作系统之间也可以通用。

（2）RTF 格式：全称 Rich Text Format，是以纯文本描述内容，能够保存各种格式信息的文本文件格式，可以使用写字板、Word 等工具创建。RTF 文件由未格式化的文本、控制字、控制符以及表明文档属性的一些信息构成。

（3）DOC 格式：微软的"doc"格式是该公司的一种专有格式，其文档可以容纳更多的文字格式、脚本语言以及复原等信息，但因为该格式属于封闭格式，因此其对其他系统的兼容性相对较低。

（4）PDF 格式：全称 Portable Document Format，直译为可移植文档格式，是一种应用范围十分广泛的电子文件格式。这种文件格式与操作系统平台无关，因此通用性较强，不管是在 Windows、Unix 还是在苹果公司的 Mac OS 操作系统中都可以应用。

（5）XML 格式：XML 是 Extensible Markup Language（可扩展标记语言）的缩写，是万维网联盟（World Wide Web Consortium，简称 W3C）于 1998 年 2 月发布的标准，它使用一系列简单的标记描述数据。

（6）HTML 格式：全称 Hypertext Markup Language，即超文本标记语言，HTML 文件的后缀名是.htm 或者是.html。与一般文本格式不同的是，一个 HTML 文件不仅包含文本内容，还包含一些"标记"，用文本编辑器就可以编写 HTML 文件，而网络浏览器能够解释 HTML 文件并根据"标记"显示网页。

从文本信息加工的角度出发，考虑图书馆文本信息加工目的和应用，推荐图书馆使用以下文本文件格式：

- 长期保存级数据推荐使用 TXT、XML、PDF 格式，XML 文件必须符合标准的 XML 语言规范，并遵守规范的 schema 规范；
- 复制加工级数据推荐使用 RTF、DOC 格式；
- 发布服务级数据推荐使用 HTML、PDF 格式。

5. 加工流程

文本信息加工应根据图书馆的实际情况制定适当的工作流程。一般工作流程包括：加工项目立项、文献选取与保护、图像评估与处理、文本制作、文本数据输出、元数据加工、文件保存、质量检验，同时还涉及加工过程管理问题，需要对每个工作流程进行监控。加工流程示意图如图 4-1[①]。

4.1.1.2 图像信息加工

1. 相关概念

图像（image）是人类视觉可以感知的对象。数字图像（digital image）表示实物图像的整数阵列，一个二维或更高维的采样并量化的函数，由相同维数的连续图像产生。

根据图书馆图像信息加工的目的和要求，一般将数字图像资源的应用级别分为以下几级：

（1）长期保存级（archives image）

用途：长期保存和必要时复制做高品质的出版印刷用，也可作格

---

① 龙伟，罗云川. 国家图书馆文本数据加工标准和操作指南[M]. 北京：国家图书馆出版社，2012：18.

式转换,是复制加工级的母本。文件格式为 TIFF,不压缩或无损压缩。对不同类型的对象,其色彩、扫描精度、位深等参数的具体要求也不同。

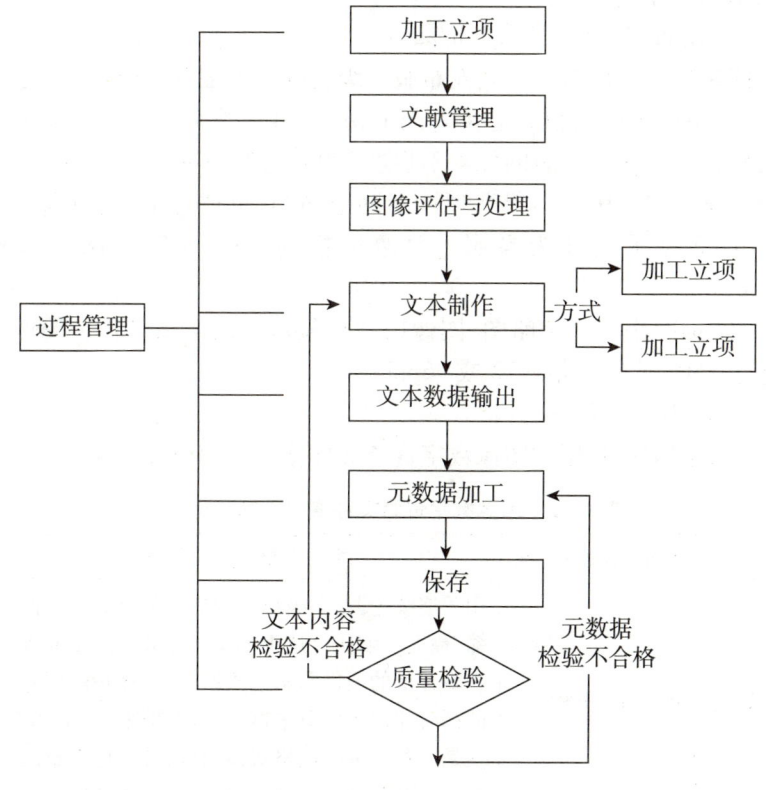

图 4 - 1 文本数据加工流程

(2)复制加工级(process image)

即专家浏览级或普通印刷级。属于长期保存级与发布服务级中间的一个过渡级别。

用途:加工复制各种精度、大小的屏幕浏览图像的母本文件。由保存级 TIFF 文件 1∶1 转换生成。有较高的精度和较大的尺寸,供专家、合作伙伴及专门组织成员通过网络有条件、有权限地访问,也可供一般品质的出版印刷使用。一些大幅面的加工对象如拓片、地图类型文献等多设此级别,以便加工操作和提供分层的应用,减少对长期保存级资源的使用损耗。个别超大幅面图像涉及多幅拼接时,还要预先压缩图像尺寸或比例。

(3)发布服务级(display image)

因用途和使用对象不同发布服务级数据还可细分为以下3级:

L(large,大图):供普通读者网上访问,可下载和打印。屏显尺寸相对较大。图像最长边的像素不超过3000,图像分辨率300ppi。

M(medium,中图):供普通读者网上访问,可任意下载、打印。通常以屏幕显示尺寸为参照。图像规格为 1024 × 768,图像分辨率150ppi。

S(small,小图):缩略图,图像以图标显示。通常图像长边的像素不超过150,图像分辨率72 或96ppi。

2.图像数字资源文件格式

目前图书馆常用的图像数字资源文件格式及编码标准见表4-2。

表4-2 图像数字资源文件格式及编码标准

标准项目	标准名称或来源	主要参数(标准内容)
JPEG	ISO/IEC 10918	用于连续色调、多级灰度、彩色/单色静态图像压缩,最大压缩比可达100:1。它用有损压缩方式去除冗余的图像和彩色数据,获取极高的压缩率的同时能展现十分丰富生动的图像。同时 JPEG 还是一种很灵活的格式,具有调节图像质量的功能,允许用不同的压缩比对这种文件进行压缩
JPEG2000	ISO/IEC 15444—12:2005	JPEG2000 压缩率比 JPEG 高约30% 左右。同时支持有损和无损压缩。能实现渐进传输。支持所谓的"感兴趣区域"特性,可任意指定影像上感兴趣区域的压缩质量,还可以选择指定的部分先解压缩

标准项目	标准名称或来源	主要参数（标准内容）
TIFF	Aldus 公司 80 年代中期开发，现为 Adobe 公司控制	有压缩和非压缩两种形式。TIFF 数据允许用几种不同的方法压缩：TIFF4.0 压缩方法有 LZW、CCITT、Group3、Packbits 等，TIFF5.0 又增加了 4 种 RLE 压缩算法，TIFF6.0 又增加了 JPEG 和其他新性能，其中压缩可采用 LZW 无损压缩方案存储。TIFF 格式支持带 Alpha 通道的 CMYK、RGB 和灰度文件，支持不带 Alpha 通道的 Lab、索引颜色和位图文件
GIF	CompuServe 公司，1987 年	是一种基于 LZW 算法的连续色调的无损压缩格式。其压缩率一般在 50% 左右，它不属于任何应用程序。GIF 格式的特点是压缩比高、磁盘空间占用较少、短小、下载速度快、可用许多具有同样大小的位图图像文件组成动画。GIF 图像格式还增加了渐显方式，但 GIF 有个小小的缺点，即不能存储超过 256 色的图像，最大图像像素是 64000 * 64000

3. 图像来源

图书馆数字化图像的来源主要有两大类：

（1）扫描或拍照获得的位图类数字对象

长期保存级的文件建议存储为 TIFF 格式，普通图书文本页可以选择黑白二值或 8 位灰度的扫描方式；黑白照片或彩图页可以选择 8 位灰度或 24 位彩色的扫描方式。

复制加工级的文件存储格式宜选择 TIFF 或 JPG、JPEG2000。该级别的文件通常由保存级的 TIFF 文件压缩、转换生成。

发布服务级文件建议选择 JPG、JPEG2000 或将它们封装到 PDF 文件中。缩略图可以考虑采用 JPG 或 GIF 格式。该级别的文件通常由复制加工级的 TIFF 文件或 JPG、JPEG2000 文件压缩、转换生成。

（2）网络下载或从其他途径获得的原生数字资源

网络下载的原生数字资源（网站）采用 Web 存档格式 ARC 或 WARC 保存。

从其他途径获得的原生数字资源一般以原文件格式进行保存，或者转换成主流存储格式进行保存。

表 4-3 原生数字资源存储的推荐格式体系

资源类型	获得途径	应用	色彩位深	文件格式
图像照片	网络下载或外购、捐赠等	电脑/网络	8 位或 24 位	原文件格式或 JPG、BMP、GIF
美术图案	软件生成或合成、封装	电脑/网络或印刷	8 位 256 色（矢量图）	AI、EPS
平面设计				CDR、PNG、PSD
地图				DXF、TAF
辅助设计				DWG
平面动画		电脑/网络	8 位 256 色（矢量图）或 24 位彩色	SWF
三维动画				MAX、MB
文本图形		电脑/网络或印刷		PDF

4. 加工标准

确定图像数字资源加工标准，首先必须从图书馆实际工作需求出发，同时还要考虑数字资源加工的发展趋势，就目前图书馆界的普通情况分析，建议各类型图像数字资源采用以下加工标准①：

---

① 朱强，张春红，龙伟. 国家图书馆图像数据加工标准和操作指南［M］. 北京：国家图书馆出版社，2011：8—12.

表 4 – 4　图书类图像资源数字化加工标准

文献类型	应用级别		图像分辨率（ppi）	色彩位深	允许的编辑加工	文件格式压缩算法
普通书刊报类	A		300—600	黑白8位，24位		TIFF 5/TIFF 6 不压缩或无损压缩（如 LZW）TIFF-G4
	D	L	300		锐化，裁切，纠偏，去噪，色彩管理	JPG、GIF JPEG2000 或封装到 PDF
		S	72—96			
古籍手稿乐谱	A		300—600	8位24位更高		TIFF 5/TIFF 6 不压缩或无损压缩（如 LZW）
	P		300—600		锐化,裁切,纠偏,去噪;成比例扩展,最低限度的调整彩色和色调	JPEG2000 无损压缩
	D	L	300			JPG 或封装到 PDF
		M	150			JPG、GIF
		S	72—96			JPG、GIF
小幅照片	A		1200	8位24位或更高		TIFF 不压缩或无损压缩（如:LZW）
	P		原采集像素		锐化,裁切,纠偏,去噪;成比例扩展,最低限度的调整彩色和色调	JPG2000 无损压缩
	D	L	800	24位		JPG GIF
		M	300			
		S	150			

表4-5　地图字画类图像资源数字化加工标准

文献类型	对象与规格	应用级别		图像分辨率(ppi)	色彩位深	允许的编辑加工	文件格式及说明
字画地图拓片	幅面边长1米以上	A		300	8位24位或更高	锐化,裁切,纠偏,去噪;成比例扩展,最低限度的调整彩色和色调	典藏级要求忠实原件信息,不做色彩、明亮度、对比度等任何处理大多需要将TIFF文件转换成JPG文件后进行拼接处理
		P		300			
		D	L	300			
			M	150			
			S	72			
	幅面边长1米以下	A		300—600	8位24位或更高	锐化,裁切,纠偏,去噪;成比例扩展,最低限度的调整彩色和色调	TIFF 5/TIFF 6不压缩或无损压缩(如LZW)JPEG2000 无损压缩/有损压缩JPG 有损压缩GIF
		P		300—600			
		D	L	300			
			M	150			
			S	72			

表 4 – 6 胶片类图像资源数字化加工标准

文献类型	载体规格	资源级别		主要参数			考虑因素及说明
			最长边分辨率（ppi）	色彩位深	文件格式	压缩率	
缩微胶片	16mm 35mm 开窗卡片	A	300	黑白 8位 24位	TIFF	不压缩或无损压缩	注意原始对象的大小，并根据内容选择图像分辨率；本标准所给图像分辨率参考专业缩微胶片扫描仪的各项参数
		D	300		TIFF JPEG2000 或封装到 PDF	有损、适度压缩	成比例扩展，锐化，裁切，拼接，纠偏，去噪。浏览服务级的图像压缩后可转换为 PDF 格式进行发布
摄影胶片	135mm 120mm	A	2000 以上	8位 24位	TIFF	不压缩或无损压缩	允许锐化，裁切，拼接，纠偏，去噪，色调调整等处理
		P	原采集像素		JPG JPEG2000 GIF	有损、适度压缩	
		D	L	800			
			M	300			
			S	150			

表4-7 小型实物资源平面成像的数字加工推荐标准

载体类型	处理方式	资源级别		主要参数			建议格式	考虑因素及说明
				长边像素	色彩位深	图形大小		
大幅或多文字织物竹简	数码后背或大画幅拍摄	A		≥7000	24位或更高	约110M	RAW TIFF	实物类需要精细表现其文字内容及质地的使用此标准 大画幅拍摄指用传统120或4×5英寸相机拍摄后,对胶片进行数字化
		P		≥3000		约23M 约3M	TIFF JPG	
		D	L	1000		340K;41K;493K	JPG JPEG2000 GIF	
			M	600		136K;15K;182K		
			S	150		23K;1K;12K		
甲骨金石器物	数码相机拍摄	A		≥4000	24位	33.4M	TIFF RAW	物品幅面不大或文字内容不多或不需要十分精细表现的用此标准
		P		≥2000		8M 1M	TIFF JPG	
		D	L	1000		340K;41K;493K	JPG JPEG2000 GIF	
			M	600		136K;15K;182K		
			S	150		23K;1K;12K		

备注:图像大小的测算条件是:最长边像素约7000—150;数码后背有效像素3300万;色彩位深24位;实物测试样品为平面画卷

5. 加工流程

图像数字资源的加工同样需要建立在充足的加工准备的基础上,主要流程包括设备和技术参数的选定、图像采集、图像后期处理、元数据加工、保存、质量检验等,同时还必须注重过程管理,具体流程见图4-2①。

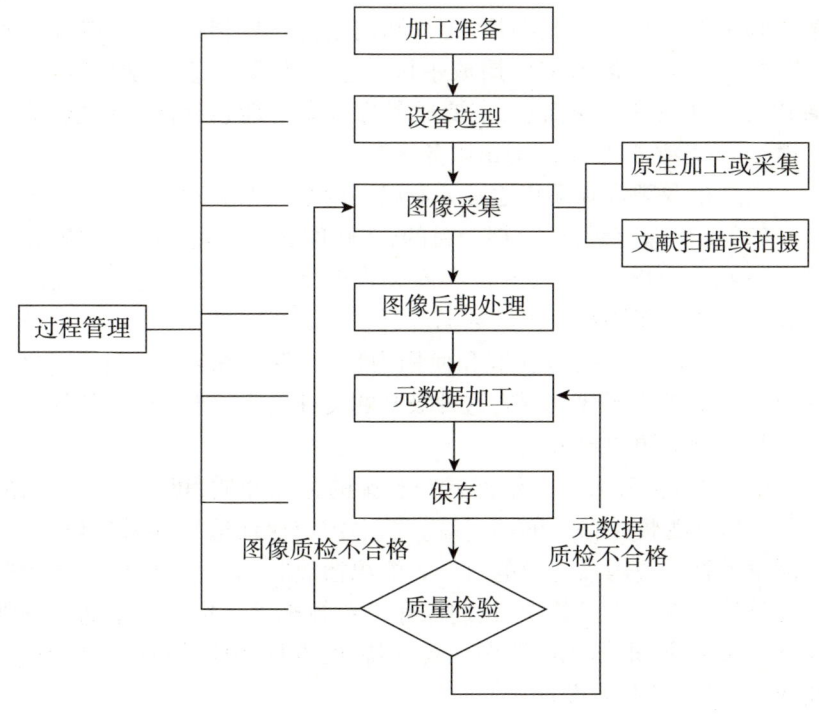

图4-2 图像数据加工流程

---

① 朱强,张春红,龙伟. 国家图书馆图像数据加工标准和操作指南[M].北京:国家图书馆出版社,2011:12—15.

4.1.1.3 音频资源加工

1. 相关概念

对模拟信号的音频信号,根据一定的采样率、比特率、压缩率和量化级参数,对模拟信号进行采样,最终以"0""1"表示的二进制数据保存,播放的时候可以把这些数据转换为模拟的电平信号进行广播。数字音频资源以音频激光唱片、光盘和网络为主要传播方式,以计算机及其相关外部设备为主要播放手段。它的主要信息来源是磁带、广播、电影、电视等音频信息,主要服务方式和功能包括网络音乐、新闻广播、远程教学和数字图书馆服务等。

图书馆音频资源采集通常采取以下两个数据级别:

(1)长期保存级:以存档为目的,在确保数字音频数据的内容和物理完整性的前提下,采集并保存音频数据,使音频数据随着时间的流逝和技术变化能够对存档的数据进行读取。

(2)发布服务级:以获取和使用为目的,发布在服务器上,用户能够通过网络快速下载、浏览,这种级别的文件码率较低、体积较小。

2. 音频资源内容采集

(1)模拟信号采集。根据音频资源的存储介质,可以选择不同的播放设备作为模拟信号的输出端。图书馆应保证适宜的采集环境,尽量减少各种环境因素造成的对原始资源播放时的干扰,保证对原始资源完整的播放采集。其中,长期保存级音频资源采集一般是通过硬件设备直接采集,根据原始资源内容的特性,选择相应质量的采样率、量化级、通道数等参数设置。

(2)数字信号采集。数字信号的音频资源采集主要有两种形式,一是激光唱片(CD)音频资源采集,主要是利用音频工具软件直接抓取音轨信息,通过手动方式或软件拷贝至计算机硬盘。另一种形式是采集数字录音带(DAT)信息,即用 DAT 播放,通过 SPDIF 数码界面直接输入电脑。

3. 音频资源格式

目前,音频资源存在多种格式标准,常用的包括以下几种:

（1）BWF。BWF（欧洲广播波形格式）基于微软 WAVE 音频文件格式，由欧洲广播联盟 1996 年引入，这种格式的文件可以将数字音频与无线广播和电视进行交换。作为一种特殊的 WAVE 文件，BWF 格式文件包含关于音频内容的基本元数据信息，所带的样本准确时间戳能将相关的文件按正确的顺序使用。目前，BWF 格式事实上已经成为音频领域的标准，加上它被广泛使用于欧洲、澳大利亚等地区和国家，也被 IASA、AES 和美国国家文理记录学院（National Academy of Recording Arts and Sciences）作为音频保存推荐的终极格式。

（2）WAV。WAV 格式是微软公司开发的一种波形声音文件，符合 RIFF 文件规范，几乎所有的音频处理软件和编辑软件都支持 WAV 格式。由于 WAV 格式存放的一般是未经压缩处理的音频数据，所以体积一般都很大（1 分钟的 CD 音质需要 10M 字节），不适合通过网络传播。

（3）MP3。MPEG-1 音频分三代，其中最著名的第三代协议被称为 MPEG-1 Layer 3，即 MP3。MPEG 音频文件的压缩是一种有损压缩，根据压缩质量和编码复杂程度的不同可分为三层（MPEG Audio Layer 1/2/3），分别对应 *.mp1、*.mp2 和 *.mp3 这三种声音文件。MPEG-1 音频提供在 32、44.1、48KHz 采样率，单通道和双通道（立体声）情况下的编码，预先确定的比特率对于层 1 是从 32—448kbit/s，对于层 2 是从 32—384kbit/s，对于层 3 是从 32—320kbit/s。MPEG-1 音频编码具有很高的压缩率，*.mp1 和 *.mp2 的压缩率分别为 4:1 和 6:1—8:1，而 *.MP3 的压缩率则高达 10:1—12:1，同时其音质基本保持不失真。

（4）AAC。MPEG-2 及 MPEG-4 标准均采用 AAC 编码。AAC 是一种高压缩比的音频压缩算法，它支持更多种采样率和比特率，支持 1 个到 48 个音轨。数据流速率为 320Kb/s 的 AAC 可以提供比数据流速率为 640Kb/s 的 MPEG-2 BC（一种类似 MP3 的音频压缩算法）更好的音质。最初，AAC 被作为 MPEG-2 标准的延伸，但是随着 MPEG-4 音频标准在 2000 年成型，MPEG-2 AAC 也被作为它的编码技术核心，同时追加了一些新的编码特性，所以又称为 MPEG-4 AAC。

（5）S/PDIF。S/PDIF 格式是索尼公司和飞利浦公司制定的一种音频数据格式,主要用于民用和普通专业领域,插口硬件使用的是光缆口或同轴口,现在的 DAT、CD 机和 MD 机以及计算机声卡音频数字输入、输出口都普遍使用 S/PDIF 格式。

(6)APE。APE 格式的压缩比远低于其他音频格式,但能够做到真正无损,同时具有开放源码的特性。在现有不少无损压缩方案中,APE 是一种有着突出性能的格式,它有令人满意的压缩比以及飞快的压缩速度,在国内应用比较广泛。

(7)AES/EBU。AES/EBU 格式是美国和欧洲录音师协会制定的一种高级的专业数字音频数据格式,插口硬件主要为卡侬口,目前用于一些高级专业器材,如专业 DAT、顶级采样器、大型数字调音台、专业音频工作站等。

4.音频资源加工标准

图书馆应根据馆藏音频资源的整体情况,并考虑本馆的资源服务需求,以及馆藏数字资源共建共享中数据交换的要求,制定长期保存级和发布服务级的音频资源加工标准。

表4-8 音频资源长期保存级加工标准[①]

资源内容	资源级别	主要参数			推荐格式及压缩方法
		采样率	量化级	通道数	
特殊录音资料	长期保存级	96/320kHz	24bit	多声道/双声道/单声道(由原始资料特性决定)	BWF:欧洲广播波形格式 WAV:不压缩或无损压缩 APE:无损压缩(不同压缩算法压缩比不同)
极高质量要求		48/128kHz	24bit		
CD 质量标准		44.1kHz	16bit		
录音最低质量		22.05kHz	16bit		
语音质量		22.05kHz	16bit		
语音最低质量		16kHz	8bit		

① 朱强,张春红,龙伟.国家图书馆音频数据加工标准和操作指南[M].北京:国家图书出版社,2011:15.

表 4 - 9 音频资源发布服务级加工标准①

应用场景	资源级别	主要参数			推荐格式
		比特率/采样率	量化级	通道数	
较高比特率	发布服务级	64—320kbps/44.1kHz	16bit	双声道	MP3 AAC WMA
较低比特率		16—64kbps/22.05kHz		双声道/单声道	

4.1.1.4 视频资源加工

1. 相关概念

视频数字化加工(Digital Video Reformatting)是指以长期保存或方便使用为目的,将模拟视频材料的内容采集、压缩和编码成数字内容,或者将一种数字视频格式转换成另一种格式的操作过程。视频资源采集是指将模拟的视频内容采样编码为数字内容。

视频资源采集通常采用两个数据级别:

(1)长期保存级:以存档为目的,在确保数字视频数据的逻辑和内容完整性的前提下,采集并保存视频数据,使视频数据随着时间的流逝和技术而变化,并能够对存档的数据进行读取。

(2)发布服务级:以获取和使用为目的,发布在服务器上,用户能够通过网络快速下载、浏览的数字视频。这种级别的文件通常分辨率较低、体积较小。

2. 采集内容

不同介质的视频资源采集的内容各不相同。

介质为磁带的视频资源,采集首尾空白磁带之间的所有内容。采集中因不可抗拒之原因被迫中断且无法修复的,保存已采集视频即可,并将内容信息记录到元数据 Note 元素项。磁带介质的视频资源推荐采用 Motion JPEG2000 编码、无损压缩的 MXF 文件格式,MPEG-2

---

① 朱强,张春红,龙伟. 国家图书馆音频数据加工标准和操作指南[M].北京:国家图书出版社,2011:16.

编码的 AVI 格式也是可选的替代方案。

介质为盘片或碟片的视频资源,必须采集主视频文件、片花、花絮、字幕。采集中因不可抗拒之原因被迫中断且无法修复的,保存已采集视频即可,并将内容信息记录到元数据 Note 元素项。

有多语种多字幕的视频资源,须保留所有语种和字幕文件,并将其与视频主文件一起封装做关联保存。

对于 VCD 盘片和 DVD 盘片的视频资源,推荐将盘片内容进行拷贝存档。

3. 视频格式

目前一些主要的视频格式标准以下几种:

(1)Motion JPEG2000。JPEG2000 标准的第三部分,有时也称为 MJ2 或 MJP2,是数字电影最新的标准,被美国国会图书馆作为数字存档的格式。它是开放的 ISO 标准,不同于普通的视频编码(如 MPEG-4、WMV、DivX),MJ2 没有进行帧间压缩,即每一帧都是相互独立的。与此同时,它还支持音频的 LPCM 编码。

(2)AVI。微软公司开发的一种符合 RIFF 文件规范的数字音频与视频文件格式,AVI 格式允许视频和音频交错在一起同步播放,支持 256 色和 RLE 压缩。AVI 文件目前主要应用在多媒体光盘上,用来保存电影、电视等各种影像信息,有时也出现在互联网上,供用户下载、欣赏新影片的精彩片断。AVI 已经成为个人电脑上最常用的视频数据格式,其优点是图像质量好,适合多个平台,当然缺点也很明显,主要是体积过于庞大,而且压缩标准不统一。

(3)LPCM 编码。线性脉冲编码调制(LPCM)是一种非压缩音频数字化技术,不经过压缩而录制音频。其工作原理是以连续线性取样的方式撷取模拟音讯转换成数字讯号。

(4)DOLBY AC3。1993 年杜比公司推出的最新一代的杜比数码环绕声系统,该系统称作 AC-3。该系统设置互相独立的 6 个声道,它们是全频带的左、右、中置、左环绕、右环绕,再加上 1 个 120Hz 以下的超低音声道,因而又称作 5.1 声道。杜比 AC-3 具有两个突出的特点:

数码化的音响效果非凡,动态范围很宽,各声道的频率响应应都超过20kHz,有很高的信噪比,完全独立的6声道大功率输出,没有后置环绕声道的干扰;它备有超低音输出,并使用独立音轨录音,它是数码化音频信号,具有电影院般的超低音输出效果。

(5)MXF。MXF是英文Material eXchange Format(素材交换格式)的缩语。MXF是SMPTE(美国电影与电视工程师学会)组织定义的一种专业音视频媒体文件格式,主要应用于影视行业媒体制作、编辑、发行和存储等环节。MXF文件通常被视为一种"容器"文件格式,也就是说MXF文件格式与内容数据的格式无关,MXF底层使用了KLV(键—长度—值)三元组编码方式。MXF文件通常包含文件头、文件体和文件尾等几个部分。

此外,发布级视频常用格式标准有以下几种:

(1)FLV。是Flash Video的简称,FLV流媒体格式是随着Flash MX的推出发展而来的视频格式。由于它形成的文件极小、加载速度极快,使得网络观看视频文件成为可能,它的出现有效地解决了视频文件导入Flash后,使导出的SWF文件体积庞大,不能在网络上很好地使用等缺点。

(2)WMV。微软推出的一种流媒体格式,是微软公司开发的一组数字视频编解码格式的通称,它是Windows Media架构下的一部分。视频流通常与Windows Media Audio音频流组合在一起并且使用扩展名为.wmv或者.asf的Advanced Streaming Format的文件进行封装。WMV通常使用Advanced Streaming Format(ASF)封装,它也可以使用AVI或者Matroska格式封装。如果是AVI封装的文件结果文件可以是.avi,如果是ASF封装的话则是.wmv或者.asf,如果是MKV封装的话则是.mkv。

(3)RM。RealNetworks公司所制定的音频视频压缩规范。RealMedia,用户可以使用RealPlayer或RealOnePlayer对符合RealMedia技术规范的网络音频/视频资源进行实况转播并且RealMedia可以根据不同的网络传输速率制定出不同的压缩比率,从而实现在低速率的网络上进行影像数据实时传送和播放。这种格式的另一个特点是用户使用 RealPlayer 或 RealOnePlayer 播放器可以在不下载音频/视频内容的条件下实现在线播放。另外，RM 作为目前主流网络视频格式，它还可以通过其 RealServer 服务器将其他格式的视频转换成 RM 视频并由 RealServer 服务器负责对外发布和播放。

（4）ADSL。ADSL 是英文 Asymmetrical Digital Subscriber Loop 的英文缩写，ADSL 技术是运行在原有普通电话线上的一种新的高速宽带技术，它利用现有的一对电话铜线，为用户提供上、下行非对称的传输速率（带宽）。非对称主要体现在上行速率（最高 640Kbps）和下行速率（最高 8Mbps）的非对称性上。上行（从用户到网络）为低速的传输，可达 640Kbps；下行（从网络到用户）为高速传输，可达 8Mbps。它最初主要是针对视频点播业务开发的，随着技术的发展，逐步成为一种较方便的宽带接入技术，为电信部门所重视。通过网络电视的机顶盒，可以实现许多以前在低速率下无法实现的网络应用。

（5）ISDN。综合业务数字网，是数字传输和数字交换综合而成的数字电话网，英文缩写为 ISDN。它能实现用户端的数字信号进网，并且能提供端到端的数字连接，从而可以用同一个网络承载各种话音和非话音业务。ISDN 基本速率接口包括两个能独立工作的 64Kb 的 B 信道和一个 16Kb 的 D 信道，选择 ISDN2B＋D 端口一个 B 信道上网，速度可达 64Kbps，比一般电话拨号方式快 2.2 倍（若 Modem 的传输速率为 28.8Kbps）。若两个 B 信道通过软件结合在一起使用时，通信速率则可达到 128Kbps。

4. 加工标准

与音频资源加工一样，图书馆也应综合考虑多种情况制定长期保存级和发布服务级的视频资源加工标准。

表4-10　长期保存级视频资料数字化加工推荐标准①

资源类型	主观质量描述	主要参数					
		分辨率	帧数（帧/秒）	视频速率	音频速率（kbps）	音频采样	建议格式
原生数字视频/模拟信号视频	高清质量	1920×1080	25/30/60	固定码率50Mb/s或25Mb/s的可变码率	384	LPCM编码立体声48kHz	MPEG2编码的AVI格式
	标清相当于DVD	720×576	25/30	15Mb/s的固定码率或可变码率	384		
	相当于SVCD	480×576	25	2600kbps	224	立体声48kHz	
	相当于VCD	352×288	25	1152kbps	224		
数字光盘	MPEG-2 DVD	DVD	720×576	25/30	7500kbps或9800kbps的固定码率	384	DOLBY AC3,48kHz,6声道或立体声	MPEG-2编码
	SVCD	SVCD	480×576	25	2600kbps	224	立体声44.1kHz	MPEG-2编码
	MPEG-1 VCD	VCD	720×576	15/25	1152kbps的固定码率	224	44.1kHz立体声	MPEG-1编码

①　朱强,张春红,龙伟.国家图书馆视频数据加工标准和操作指南[M].北京:国家图书馆出版社,2011:15.

表 4 - 11　发布服务级视频资料数字化加工推荐标准①

资源级别		主要参数					适宜场景
		视频速率（kbps）	音频速率	帧数（帧/秒）	音频采样	建议编码	
发布服务级	高级	2000	320k	25/30	立体声48kHz	MPEG4编码的WMV、FLV或RM	以太网
	中级2	1000	224k	25/30	立体声48kHz		ADSL，上行速率（最高 640Kbps），下行速率（最高8Mbps）
	中级1	300—500	128k—192k	15/25	立体声44.1kHz		
	低级	100以下	64k	15	立体声44.1kHz		ISDN，64Kbps；拨号上网，56Kbps

4.1.1.5　复合数字对象加工

复合数字对象是包括文本、图像、音频、视频等多种类型数字对象的复合体，是各类型数字对象组合起来形成逻辑整体的多个信息单元的集合②。在数字图书馆时代，包含不同媒体类型、数据格式、元数据体系、描述方法的各种复合数字对象已经成为信息组织与利用的主要内容③。

---

① 朱强，张春红，龙伟.国家图书馆视频数据加工标准和操作指南［M］.北京：国家图书馆出版社，2011：16.

② 马翠翠，马建玲.复合数字对象标准中包标准研究［J］.图书馆学研究，2011（11）：51—56.

③ 魏来，梁娜.复合数字对象描述语言及其比较［J］.图书馆理论与实践，2009（6）：58—62.

复合数字对象呈现出以下主要特征①：

（1）复合数字对象是一个信息复合体。数字对象首先是一个信息复合体，同时封装了数据、元数据及方法，其中，数据、元数据及方法各自又具有复合性。

（2）复合数字对象是一个有生命的实体。复合数字对象揭示了信息存在的生命性特征，包括信息对象的产生、发展、延续、消亡等完整的生命过程。

（3）复合数字对象具有结构上的复杂性。在组织结构上，复合数字对象具有多层次、可嵌套性的特点，并包含复杂对象之间的语义关系。

复合数字对象的加工涉及多种文件格式以及标准，包括并行操作和线性操作，图书馆应合理设计工作流程，确保加工的复合数字对象层次结构清晰，内容关联正确有效。

4.1.1.6 网络资源采集

互联网自 20 世纪 90 年代向全社会开放并投入商业化使用以来，其扩张速度惊人，互联网中的信息资源种类和数量也呈几何级速度增长。据国际知名的互联网安全和数据研究分析机构 Netcraft 统计，截至 2015 年 6 月，全球网站的数量已达 863105652 个②。网络信息环境的形成，使得越来越多的研究人员及普通读者依赖于数字化、网络化的信息资源。网络信息资源已经在科学研究、文化教育等领域发挥着日益重要的作用，成为人类文化历史长河中的一分子。然而网络资源的寿命却非常短暂，据统计，由于网页内容更新、网站内容重组、网站主办者消失等原因，网页的平均寿命仅为 44 天到 2 年。如何采集、组织、保存这部分数字资源，其意义不仅在于能够适应当今社会的信息

---

① 李春旺，张晓林. 复合数字对象研究[J]. 情报学报，2004，23（4）：444—451.

② June 2015 Web Server Survey[EB/OL].［2015 – 10 – 25］. http://news. netcraft. com/archives/2015/06/25/june-2015-web-server-survey. html.

需求,而且可满足未来用户了解当前社会现状、研究当前社会发展历史经验的需求,并且可以起到传承民族与人类文化的作用。国际图联(IFLA)与国际出版社协会(IPA)也在《永久保存世界记忆:关于保存数字化信息的联合声明》中指出:"日益增长的仅以数字形式出版的信息如同传统印刷型出版物一样重要,同样具有长期留存的文化价值和历史意义。"①

为了保存这些互联网上的人类记忆,从 20 世纪 90 年代中期开始,已有多个国家开展了网络资源存档项目,采集并保存海量的互联网资源。经过 20 年的实践和研究,网络资源采集与存档技术已经日趋成熟,然而如何有效利用那些被静静地存放在服务器中、数量巨大的存档资源,并向用户提供科学合理的服务,又成为摆在各个国家面前的新问题。

欧洲、美洲及亚洲发达国家的网络资源采集项目起步较早,发展相对成熟,具有多机构合作采集、法律法规健全、标准规范成熟、采集流程规范、采集方式综合、服务类型多样等特点。网络资源的采集机构一般由各国的国家图书馆、档案馆或著名大学的图书馆负责。由于网络资源存缴和保存面临着复杂的知识产权约束和商业利益冲突,为了保证网络资源采集与保存工作无后顾之忧,欧美各国均制定了与数字资源呈缴相关的法律或法案。

网络资源的采集方式主要有:①批量采集,即将目标网站上的所有信息都采集下来;②选择性采集,即根据网络信息的历史、文化、研究和经济价值,有选择地保存 Web 信息;③专题采集,即针对国内、国际重要事件或某一主题进行的有针对性的信息资源收割;④混合式采集,综合运用前面三种采集方式,使资源采集达到最优化的一种采集

---

① IFLA/IPA Steering Group. Preserving the Memory of the World in Perpetuity: a Joint Statement on the Archiving and preserving of digital information [EB/OL]. [2007 – 03 – 26]. http://www.ifla.org/V/press/ifla-ipa02-cn.pdf.

策略①。各国的网络资源采集项目均根据自身实际需求选择了合适的采集方式。采集的资源大多提供互联网公开访问服务,也有部分国家限制馆内获取(如捷克和冰岛),或不对外公开(如埃及、西班牙、斯洛文尼亚和挪威)。国外开放的网络资源采集项目大都提供了完善的检索服务,可通过 URL、关键词、高级、全文等方式进行检索,还可按字母顺序、学科、专题等方式进行浏览。

相比而言,亚洲在网络资源采集方面的研究起步较晚,目前有日本国立图书馆开展的网络资源采集 WARP(Web Archiving Project)项目、新加坡图书馆理事会资助的 Web Archive Singapore、中国国家图书馆的 WICP 项目等,均旨在推进亚洲网络资源采集研究和实践。但与发达国家相比,在标准化、知识产权、系统研发及国际国内合作等方面还有许多需要完善的地方。

4.1.1.7 原生数字资源建设

进入 21 世纪以来,随着互联网的不断发展及用户交互的加强,以 blog、Wiki 等为代表的 Web 2.0 技术催生网络原生数字资源,并已成为网络数字资源中内涵独特、特征鲜明的重要组成部分。

对于网络原生数字资源的含义,国内外理论界还存在不同的理解,尚未达成共识。在国外,原生数字资源被称为"born digital",美国著名的新词汇搜索网站 Word Spy 把原生数字资源定义为"仅仅以数字形式产生和存在的一种信息资源"②;联合国教科文组织 UNESC 把原生数字资源定义为"除数字形式外没有其他载体形式的信息资

---

① 马宁宁,曲云鹏. 中外网络资源采集信息服务方式研究与建议[J]. 图书情报工作,2014(10):85—89,116.

② born-digital[EB/OL].[2015 – 10 – 25]. http://wordspy. com/index. php? word = born-digital.

源"①。国外对原生数字资源的定义强调其"数字形式"的唯一性,即强调了原生数字资源的数字原创性,也指明了原生数字资源在存续期间内数字保存形态的唯一性。国内普遍对原生数字资源的定义强调了原生数字资源的数字原创性,但没有明确指出数字形式是其唯一的表现形式。为区别转化型网络数字资源,国内有学者认为可以将网络数字资源定义如下:所谓网络原生数字资源,是指直接在互联网活动中产生的或仅仅发布于互联网并仅以数字形式传播交流、保存利用的网络信息资源②。主要包括:电子邮件(E-mail)资源、电子布告板(BBS)资源、网络论坛(Forum)资源、留言板(Message Board)资源、博客(Blog)资源、维基百科(Wikipedia)资源、播客资源、网络原创音乐或小说、百度贴吧资源等;网络原生电子期刊、网络原生电子报纸;政府网站上的服务信息;企业的广告信息、产品展示信息、招聘信息;学校网站上的教学信息等。

网络原生数字资源建设是指人类对处于无序状态的各种网络原生数字信息进行规划、选择、采集、组织、保存、开发等活动,使之形成可资利用的网络原生数字资源体系的全过程③。网络原生数字资源建设来源于网络数字资源建设,但又与其所区别。由于网络原生数字资源具有网络原创性、数字形式唯一性、极易灭失性等特点,决定了其建设和利用较其他数字资源更具有急迫性和复杂性。

4.1.2 元数据的加工

离开元数据的对象数据,将是一盘散沙,无法提供有效的检索、处

① DRAFT CHARTER ON THE PRESERVATION OF THE DIGITAL HERITAGE[EB/OL].[2015 – 10 – 25].http://unesdoc.unesco.org/images/0013/001311/131178e.pdf.

② 陈红星,张淑芳.网络原生数字资源:概念、特征与类型[J].图书馆建设,2010(5):1—4.

③ 陈红星,张淑芳.网络原生数字资源建设的必要性和可行性[J].图书馆学研究,2010(7):47—50.

理和应用。完整的数字化资源,应由对象数据和元数据共同组成,同时在元数据和对象数据之间建立完整、正确的关联关系。

元数据首先要具备完整性。在馆藏数字资源开发中,数字资源的描述性元数据、结构性元数据、管理性元数据、长期保存元数据,缺一不可。描述性元数据是描述或标识对象内容和外观特征的元数据,是最基本的元数据;结构性元数据用于描述资源对象的物理结构,以便于检索、浏览和显示;管理性元数据用于记录数字对象的类型,具体包括4个方面的元素,上下文信息、出处信息、验证信息、评价信息等①。

元数据的封装和传输要具备规范性。METS 是目前在国际领域影响最大、使用最为广泛的电子文件元数据封装方法,据 OCLC 和 RLG 针对数字资源长久保存领域所做的一项调查显示:在所调研的49家文化遗产机构中,64%的图书馆、42%的档案馆、35%的其他机构正在使用或计划使用 METS②。METS 作为一种元数据的编码和传输标准,为长期保存数字资源提供了良好的封装模型,为数字保存系统的构建提供了良好的数据模型③。如今,METS 的应用已经到了一个关键时期,国外多家机构的相关项目已经基于 METS 积累了大量的数据,在国内图书馆数字化项目实践中选用 METS 标准,对于确保网络环境下非描述性元数据的稳定性和规范性意义重大。

4.1.3　唯一标识符

元数据在数字资源描述的一致性方面存在一定的风险,并带来各

---

① 肖珑等. 中文元数据标准框架及其应用[EB/OL].[2015 - 10 - 25]. http://www. idl. pku. edu. cn/pdf/metadata_framework. pdf.

② PREMIS Working Group. Implementing Preservation Repositories For Digital Materials:Current Practice And Emerging Trends In The Cultural Heritage Community [EB/OL].[2015 - 10 - 25]. http://www. oclc. org/research/activities/past/or-projects/pmwg/surveyreport. pdf.

③ 董丽等. METS 元数据编码规范及其应用研究[J]. 现代图书情报技术, 2004,20(5):8—12.

种技术方面的问题。使用元数据描述数字资源,实际上数据被系统存储了两次,即数据以及描述该数据的元数据。因此,如何保持元数据及其所描述的资源之间的一致性就是一个须要时刻关注的问题。当数字资源被修改时,可能会影响到数据的内容、存储的位置及格式,这就有可能造成元数据的失效。为确保数字资源被明确地标识并在任何时间都可以被追踪,设置永久标识符(也称唯一标识符)是一项有效的措施。

数字对象唯一标识符是对数字对象唯一、永久的标识,起源于 20 世纪 90 年代初的 URN,对网络环境下数字资源的长期保存、引用链接、知识产权保护等都具有重要意义。唯一标识符很好地解决了 URL 因为数字对象物理位置改变而造成的"死链"问题,同时也满足了 URL 无法适应网络环境下数字对象动态多变的需求。经过近二十年的发展,国外先后产生了多种数字对象唯一标识符。其中,比较有代表性的唯一标识符包括 Handle system、Digital Object Identifier(DOI)、Persistent Uniform Resource Locator(PURL)、Uniform Resource Name(URN)、Archival Resource Key(ARK)、OASIS Extensible Resource Identifier(XRI)等。除了这些有代表性的唯一标识符以外,近几年也出现了 InfoURI、LSID、NESTOR、EPICUR、N2T、NBN Italy、PILIN、LCCN 等许多新的唯一标识符①。

(1)URI

统一资源标识符 URI(Uniform Resource Identifier),是互联网的一个协议要素,可以通过它来定位任何远程或本地的可用资源(这些资源通常包括 HTML 文档、图像、视频片段、程序等)②。URI 的基本特点体现在统一、资源和标识符 3 个方面。"统一"保证了现有不同类型的资源标识符可以采用统一的方式使用,并为新的资源类型提供统一的

---

① 魏来,梁娜.复合数字对象描述语言及其比较[J].图书馆理论与实践,2009(6):58—62.

② URI[EB/OL].[2015 – 10 – 25].http://zh.wikipedia.org/wiki/URI.

标识框架;资源是能够被标识的任何对象;标识符是一个对象可以引用的名称。URI 将唯一标识符定义为符合某种语法规范的字符串①。

URL 和 URN 是 URI 的子集(两者有交叉)。统一资源定位符 URL(Uniform Resource Locator)也被称为网页地址,是因特网上标准的资源的地址;统一资源名 URN(Uniform Resource Name)是 URL 的一种更新形式,不依赖于位置,并且有可能减少失效链接的个数②。

(2)PURL

PURL(Persistent URL)是 OCLC 开发并管理的永久性名称解析系统。它的设计思路是用名称而不是 URL 来标识网络资源。因为 URL 对应的是网络上的地址,该地址是由"协议名称 + 服务器域名 + 服务器本地文件路径"三部分组成,当服务器上的文档位置发生变化时,该文档对应的 URL 就会无效,用户使用该 URL 访问资源就会返回"404 file not found"的错误。如果只是单独的文件转移,只需要将原来的同名文件变成一个重定向文件就可以保持 URL 不变。PURL 将这种重定向功能从用户的服务器转移并集中到域名为 purl. org 的服务器上。PURL 并不是严格意义上的唯一标识符,而是比 URL 更持久的 URL。

(3)Handle 及 DOI

Handle 系统最早是在美国国防部高级研究计划署(DARPA)的资助下由 CNRI(Corporation for National Research Initiatives)开发的,后来的研究成果又融入 NCSTRL 项目中,是基于因特网的分布式数字对象命名与标识系统。

数字化对象识别符 DOI(Digital Object Identifier)③由 International DOI Foundation 组织构造,是 Handle 系统在出版行业的应用。DOI 提供了一个框架,为数字环境中的数字对象分配唯一的、永久性的标识,

---

①　毛军. 我国数字图书馆标准规范建设. 科技部科技基础条件平台专项资金项目研究成果,2005.

②　http://www. cnlei. org/blog/article. asp? id = 356.

③　DOI[EB/OL]. [2015 - 10 - 25]. http://www. doi. org/.

方便该对象被管理和使用。目前,DOI 被认为是网络化时代数字化资源对象的条形码,是数字产品走向电子商务的通行证。狭义地讲,DOI 是标识任何数字化对象的一种标识符号①。DOI 是数字、字母或其他符号复合而成的一个字符串,每个字符串都由斜线分开的前、后缀两部分组成。

DOI 的特点主要表现在以下几个方面:①唯一性。DOI 标识符作为数字化对象的识别符,对所标识的数字对象而言,相当于人的身份证,具有唯一性。这种特性保证了在网络环境下对数字化对象的准确提取,有效地避免重复。②持久性。一个数字化对象的 DOI 标识符一经产生就永久不变,不随其所标识的数字化对象的版权所有者或存储地址等属性的变更而改变。③兼容性。DOI 标识符的兼容性体现在 DOI 号码的后缀中可以包含任何已有的标识符,例如国际标准书号 ISBN、国际标准刊号 ISSN、国际标准文本代码 ISTC、出版者款目标识符 PII 等。④互操作性。DOI 的处理系统可以与任何因特网上不同的计算机操作系统在处理同一数据时保持一致,能与不同时期的技术系统兼容。⑤动态更新。DOI 系统可对其元数据、应用和服务功能进行快速和简便的动态更新。

DOI 最重要的作用是为出版社内部数字化信息的管理和在网络上进行电子出版物的发行、有效地保护知识产权提供了自动化处理的先进工具。DOI 系统在一定程度上发展了 Handle 系统,并弥补了其中的某些不足,成为迄今为止最著名和应用最广的数字对象唯一标识项目②。

各种永久标识的不同方法及其语法描述见表 4 – 12。

---

① 于风莲. DOI 的概念和应用[EB/OL]. [2015 – 10 – 25]. http://edu. cma. gov. cn/interweb/publications/tx/2005tx/wxzl2005-01. doc.

② 李广建,黄岚. 数字对象唯一标识 Handle System[J]. 图书馆建设,2004 (3):20—23.

表 4 – 12　永久标识的不同方法及其语法描述①

标识符	描述
URI	< protocol > :// < authority > : < authority-specific name >
URL	< protocol > :// < DNS domain name > / < computer-specific pathname >
URN	urn: < namespace-Id > : < namespace-specific name >
PURL	< protocol > :// < PURL server name > / < computer-specific pathname >
Handle	< authority > : < authority-specific name >
DOI	< directory-code. registrant-code > : < DOI-suffix name >

（4）国家数字图书馆唯一标识符系统

图书馆建设数字资源唯一标识符的目的是对数字资源进行唯一标识,将采集、加工、组织、检索、服务以及保存等各环节中的数字资源进行统一编号和规范管理,便于图书馆数字资源的精确定位和应用系统之间的互操作,同时与国内外 DOI 和 Handle 等进行接口兼容及为国内唯一标识符应用系统提供解析接口,实现相互解释。

国家数字图书馆唯一标识符系统于 2007 年开始立项研制,伴随着国家数字图书馆工程的建设,最终于 2010 年 9 月公开发布唯一标识符标准规范和应用指南等成果。该系统是根据《国家图书馆数字资源唯一标识符规范》所开发的,用于数字资源的唯一标识符注册、维护和服务,在研制过程中参照了 DOI 建设唯一标识符体系,参考 HANDLE SYSTEM 的架构,采用"前缀/后缀"的方式,在前缀和后缀各段采用英文半角"."进行分隔。

国家数字图书馆唯一标识符系统不但能够生成唯一标示符,而且具备 URL 维护、唯一标示符解析、注册数据维护以及一系列的系统管理功能,而与国家数字图书馆几个核心系统、用户数据库等都建立了合理的关联关系。

---

① 　Borghoff U M, Rödig P, Scheffczyk J, Schmitz L. Long-Term Preservation of Digital Documents. Springer,2003:98.

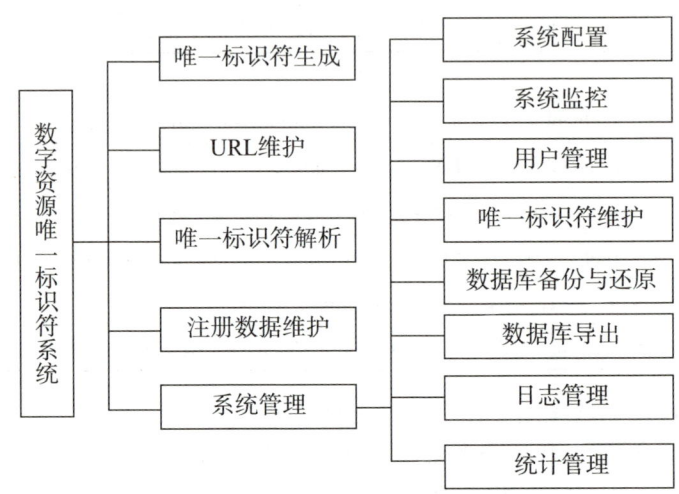

图 4 - 3　国家图书馆唯一标识符系统功能

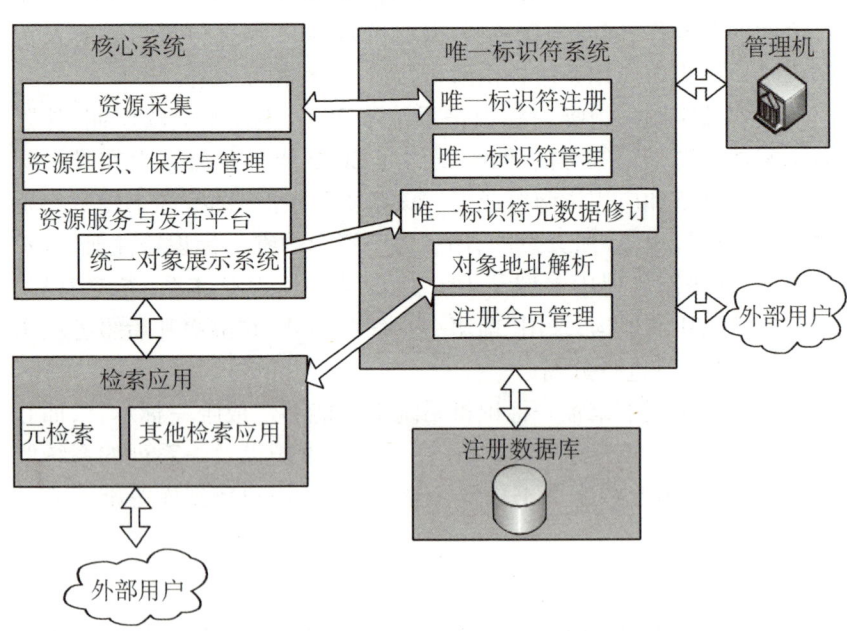

图 4 - 4　唯一标识符系统与其他应用系统之间的关系

唯一标识符系统按照国家、省和市三层结构进行设计,最终目标是实现全国公共图书馆所有数字资源唯一标识符的注册和解析。因此,除了为国家数字图书馆工程所建系统及其推广应用提供全国统一的唯一标识符服务外,这个系统还向全国其他有需要的单位(如各级地方图书馆、出版单位、研究机构、博物馆等)提供公益性的唯一标识符注册和解析服务。

在国家数字图书馆唯一标识符系统的基础上,2011年国家图书馆牵头开展文化部行业标准《数字对象唯一标识符规范》的研制,于2012年7月完成并通过文化部审查。2013年3月开始,国家图书馆着手开始对已经发布的40万种中文图书、19万种博士论文、3万余种民国文献、6000多种地方志以及拓片、年画、善本等4万多种图片、哈佛燕京数据库数据、宋人文集数据等自建数字资源进行唯一标识符的回溯注册。通过唯一标识符系统的应用,不但可以实现图书馆资源的稳定定位,使不同地域的读者能够对全国范围内的数字资源进行透明利用,还可以通过为资源建立标识和对应关系,对数字资源进行高效的管理,实现数字资源的准确、快速定位,使用户以最短的时间、最少的操作获得最想要的资源服务,从而大大提高图书馆馆藏数字资源整体的服务效率和水平。

国家图书馆唯一标识符系统管理是一项综合的管理工作,涉及软硬件设备、系统接口、推广部署等多个方面。在硬件和系统的运行管理方面,完成硬件设备、操作系统、数据库管理、中间件软件等内容的日常运行监控和管理;在应用系统运行管理方面,完成权限分配、系统参数调整和配置、系统功能优化和更新、系统日志、统计等功能;在唯一标识符管理方面,进行数据整理、手工和自动注册唯一标识符、人工维护唯一标识符、唯一标识符注册数据接口管理;在对象数据URL地址管理方面,进行手工和自动管理对象数据URL地址及其接口的维护;在外接系统接口管理方面,完成文献数字化系统、文津搜索系统、OPAC系统、发布与服务系统、地方馆唯一标识符系统等外接系统的接口日常维护;在系统推广部署和应用方面,完成前期调研和确定系统配置方案、部署实施及培训、接口调试、数据灌装及系统参数配置、系统运行后的技术支持工作。

4.1.4　开发实例

4.1.4.1　国家图书馆博士论文数字化项目

国家图书馆学位论文收藏中心是国务院学位委员会指定的全国唯一负责全面收藏和整理我国学位论文的专门机构,也是人事部专家司确定的唯一负责全面入藏博士后研究报告的专门机构。20多年来,国家图书馆收藏博士论文20多万种,此外,还收藏部分院校的硕士学位论文、台湾博士学位论文和部分海外华人华侨学位论文。每年国家图书馆均开展博士论文数字化项目,该项目具有一定的典型性和代表性。

1.加工流程

(1)待加工文献整理

根据当年加工要求,整理"待扫描博士论文清单",同时提取MARC数据(MARC是元数据加工的重要来源和依据),根据MARC数据生成博士论文数据库之论文基本信息表。

(2)扫描制作

扫描前根据国际色彩协会ICC(International Color Consortium)标准做基本的色彩校正,针对各类型博士论文进行色彩校正。

博士论文裁切后,使用快速自动进纸扫描仪;若博士论文中缝夹紧或图片套印,不得拆论文裁切,使用零边距扫描仪。

博士论文为全书逐页扫描方式,依照规定的扫描规格进行博士论文数字加工(黑白及灰度页用灰度方式扫描、彩色页用彩色方式扫描)。

(3)图像处理

纠偏处理:对出现偏斜的图像进行纠偏处理,对方向不正确的图像进行旋转还原,以符合阅读习惯。

去污处理:对图像页面中出现的影响图像质量的杂质如黑点、黑线、黑框、黑边等进行去污处理。

图像拼接:对大幅面博士论文进行分区扫描形成的多幅图像,发布服务级文件进行拼接处理,合并为一个完整的图像,以保证数字化图像的整体性。

(4)数据标引

制作规范要求的各种标引信息表,具体包括:目录信息标引、中英文摘要标引、论文插图信息表(记录博士论文不带页号插图信息)、缺页信息、结构信息表(记录博士论文封面、前附页、目录、正文等结构信息)、加工信息表(记录扫描分辨率、压缩因子、文件数量、存储量等信息)等。

制作数据说明文件,具体包括针对每册博士论文的说明文件及针对每批次数据的说明文件(一般为 TXT 文档)。

(5)数据检查

检查图像文件是否符合扫描规格要求。

逐页检查扫描文件是否有颜色过浓或过淡、黑边、污点、歪斜或图像内容不完整等现象,不符合图像质量要求时,应进行图像校正或重新扫描。

发现文件漏扫时,应及时补扫并正确插入图像。

所有文件保存位置正确,可以正常地打开、显示。

检查图像页码是否连续、无跳页。

检查标引数据是否完整、准确。

按照命名规则检查目录、文件、数据库、摘要、文档、介质等名称是否正确。

检查各类说明、统计、验收等文档是否齐全。

检查介质上是否有无关文件,是否携带病毒。

(6)成品数据备份

数字化后的成品数据包括对象数据(长期保存级、发布服务级)、元数据和相关说明文档等,须分别刻录在两份光盘上(长期保存用),保存一份在移动硬盘上(仅做周转使用),保存一份在磁带上(长期保存用)。

用以保存的数字化成品数据应确保元数据与对象数据完整且一一对应,各项说明文档准确完备。一般情况下,对象数据应具备长期保存级和发布服务级两种数据格式;元数据包括与对象数据对应的书目数据(MARC 格式)、描述或技术性元数据(XML 或 DC 等格式)、相关说明文档等。

数据硬盘备份(经验收合格后转移至磁带库长期保存)包括:①长期保存级硬盘数据、对应博士论文数据库、博士论文中英文摘要(馆方要求所有格式)、说明文件。②发布服务级硬盘数据、对应博士论文数据库、博士论文摘要、说明文件。

数据光盘备份(一式两份,一份正式盘,一份备用盘,两套分开,异地保存)包括:①对象数据。对象数据备份内容包括长期保存级数据、说明文件;发布服务级数据、说明文件。②博士论文数据库。博士论文数据库以 10000 册为单位,建立数据库,按数据库文件名递增顺序依次刻录在光盘根目录下。③博士论文摘要。博士论文摘要的备份内容包括加工规范要求制作的所有格式、所有文种的摘要。

(7)博士论文拆装

扫描前拆论文,保证论文皮、论文脊规整,书文顺序对应,裁切不得伤及和损坏原文,不得丢页、混页。

恢复原有装订形式。装订后不能有脱页、漏页、压字现象,原论文的插页、折页、附件要确保完好无损按原位装入论文中,确保博士论文完好、无损、原样归还。

2. 对象数据开发

(1)扫描方式

扫描前根据国际色彩协会标准,做加工设备的基本色彩校正及针对各类型文献的色彩校正。黑白及灰度页用灰度方式扫描,彩色页用彩色方式扫描。

(2)加工规格

表4-13　国家图书馆博士论文数字化加工规格

规格 扫描方式	色彩 位深	分辨率	JPEG2000 压缩因子	长期保存 级格式	发布服务 级格式
灰度方式扫描	8位	300dpi；小于5号字体用400dpi	150(根据图像规格、颜色、数据量适当调整)	TIFF不压缩	PDF（经过JPEG2000压缩后,再做格式转换）
彩色方式扫描	24位	300dpi；小于5号字体用400dpi	150(根据图像规格、颜色、数据量适当调整)	TIFF不压缩	PDF（经过JPEG2000压缩后,再做格式转换）

对于图文混排式博士论文,在灰度方式或彩色方式下扫描获得文件。长期保存级数据为 TIFF 不压缩保存,发布服务级数据分别按文字和图片压缩要求分块压缩转换生成 PDF 格式。

3.元数据开发

博士论文数字化项目的元数据涵盖了描述性元数据、结构型元数据、管理型元数据等。Microsoft Access 格式的数据库表结构及字段名说明见下表。

表4-14　博士论文基本信息表(book 表)

序号	中文名称	字段名称	对应书目数据(MARC)内容
1	加工编号	book_id	
2	分类	cat_id	第一个 690 字段 $a
3	论文题名	book_name	200 字段 $a. $h, $i: $e
4	作者	author	701 字段 $a
5	导师	instructors	702 字段 $a
6	学科专业	specialty	209 字段 $a

续表

序号	中文名称	字段名称	对应书目数据（MARC）内容
7	研究领域	realm	209 字段 $b
8	学位级别	degree	200 字段 $b
9	学位授予单位	publish_house	209 字段 $c
10	学位授予日期	publish_date	209 字段 $d
11	论文页码总数	page_number	215 字段 $a
12	关键词	subject	610 字段 $a 多个
13	卷期	book_volume	
14	001	record_id	001 字段
15	馆藏号	905	905 字段 $c/ $d/ $e
16	条码号	barcode	

注：博士论文基本信息表（book 表）除加工编号和条码号外，各字段内容原则上均取自书目数据（MARC）。对于相同"001"、不同"条码号"的博士论文，要进一步标注"题名"字段，标注内容用"（）"括起来，如（上册）、（下册）。

表 4 – 15　博士论文目录信息表（catalog 表）

序号	中文名称	字段名称	备注
1	加工编号	book_id	
2	标引序号	serial_num	
3	章节号	chapter_num	
4	章节名	chapter_name	
5	作者	author	
6	页码	page_num	客观著录,如实反映目录页原貌（可为空）
7	绝对页码	ppage_num	文件名数字部分
8	页位置	page_place	文件名字母部分

序号	中文名称	字段名称	备注
9	属性	page_prop	1)"目录"属性为"1"; 2)"无目录",属性为"2"; 3)每册论文除第一条目录外,其余记录的属性默认为"0"

表 4 – 16　博士论文插页信息表(inset 表)

序号	中文名称	字段名称	备注
1	加工编号	book_id	
2	插页前正文页号	prior_text_page	
3	插页数量	inset_num	

注:论文中有插页时,对该表字段进行标引。

表 4 – 17　博士论文缺页信息表(lostpage 表)

序号	中文名称	字段名称	备注
1	加工编号	book_id	
2	缺页前正文页号	start_text_page	
3	缺页数	lostpage__num	

注:论文中有缺页时,对该表字段进行标引。

表 4 – 18　博士论文结构信息表(struct 表)

序号	中文名称	字段名称	备注
1	加工编号	book_id	
2	封面页数	fore_cover_num	
3	目录前,前附页数	preface1_num	
4	目录前,前附页起始页号	preface1_start_page	
5	目录页数	content_num	

续表

序号	中文名称	字段名称	备注
6	目录起始页号	content_start_page	
7	目录后,前附页数	preface2_num	
8	目录后,前附页起始页号	preface2_start_page	
9	正文页数	text_num	
10	正文起始页号	text_start_page	
11	后附页数	appendix_num	
12	封底页数	back_cover_num	

表 4–19　博士论文加工信息表(process 表)

序号	中文名称	字段名称	备注
1	加工编号	book_id	
2	论文题名	book_name	
3	扫描分辨率	dpi	
4	压缩因子	comp_factor	
5	黑白页数量	bw_num	
6	灰度页数量	grey_num	
7	彩色页数量	col_num	
8	TIFF 数量	tiff_num	
9	PDF 数量	pdf_num	
10	TIFF 存储量	tiff_mb	存储单位:MB
11	PDF 存储量	pdf_mb	存储单位:MB
12	中文摘要	abst_chi	有"1";无"0"
13	英文摘要	abst_eng	有"1";无"0"
14	典藏级光盘位置	cdA_place	第一套典藏级光盘编号
15	服务级光盘位置	cdB_place	第一套服务级光盘编号
16	典藏级硬盘位置	hdA_place	典藏级硬盘财产号
17	服务级硬盘位置	hdB_place	服务级硬盘财产号

注:"光盘位置"字段应在对象数据备份光盘后再添加。

表 4 – 20　博士论文摘要信息表（abstract 表）

序号	中文名称	字段名称	备注
1	加工编号	book_id	
2	论文题名	book_name	
3	作者	author	
4	中文摘要位置	chiabst_place	记录中文摘要首页文件名
5	中文摘要页数	chiabst_num	
6	英文摘要位置	engabst_place	记录英文摘要首页文件名
7	英文摘要页数	engabst_num	

注：论文中有中英文摘要时，对该表字段进行标引。

4. 唯一标识符

使用国家数字图书馆唯一标识符系统进行唯一标示符管理。

4.1.4.2　国家图书馆数字方志项目

地方志是我国所特有的文献资源类型，也是国家图书馆独具特色的馆藏之一，所存文献数量与品质极高。采用数字图书馆方式，整理、加工编纂清代（含清代）以前的方志资源，有利于保存、传播、研究、开发中华特色文化，推动馆藏数字资源的开发建设。

数字方志项目是国家图书馆的重点古籍数字化项目之一，始于2002 年，到目前为止已完成近 6800 余种馆藏 1949 年以前编纂的地方志（简称旧方志）的数字化，并分期分批进行全文化。国家图书馆数字方志项目分为两个阶段进行，第一阶段进行图像数字化工作，第二阶段进行全文化工作。全文化是将古籍影像转换为全文文本，尽可能多地保留原书的信息，包括文字、符号、版式等，同时又能有效地支持全文检索和版式还原。到目前为止，已完成四期全文化，共完成 170 余万筒子页。

1. 项目总原则

（1）标准化原则：数据产品要符合相关的国际、国内、行业标准，符合国家图书馆《中文文献全文版式还原与全文输入 XML 规范》。

（2）文字转换原则：忠实原文，进行有限文字规范。

（3）版式还原原则：忠实原书版式，进行有限版式规范。

（4）质量稳定原则：产品生产过程标准化、规范化，通过使用软件工具保证产品质量的稳定性。

（5）质量控制原则：在产品生产和验收的全过程中，通过软件工具实现全程质量控制，有效控制差错率。

2. 加工工具要求

为了保证项目质量、满足产品验收的需要，主要应用以下工具进行开发建设：

（1）XML to PDF

能方便地将 XML 文档转换成相对应的 PDF 文档，PDF 文档的文件名与 XML 文档的文件保持一致，支持批量转换且操作简单。

（2）XML 预发布工具

用于对 XML 文档进行预览，能够同屏显示原始图像和 XML 文档预览结果，进行对比阅读，要求两者的版式一致，文字的位置一一对应。预览 XML 文档局部内容滚动时，图像随全文同步移动。多个原始图像和相对应的 XML 文档放置在同一目录下，可以进行顺次预览，无须多次打开和关闭文件。

（3）数据库建构工具

依据验收和统计的需要，构建 SQL Server 数据库（将 XML 中的数据和标记全部导入）。提供数据库构建脚本、表结构及其说明。数据库结构应当设计合理、支持扩展。支持 XML 批量导入导出工具、查询和统计工具、数据批量修改工具的使用。

（4）XML 导入导出工具

能将 XML 文档批量导入 SQL Server 数据库，将运行结果输出到指定的 TXT 文档。能将 SQL Server 数据库内的 XML 数据批量导出，XML 文件的格式和标记符合乙方提供的 XML 说明文档的要求，将导出的结果或差错写入指定的 TXT 文档。

XML 文档导入导出数据库前后应完全一致。

（5）查询和统计工具

能对 SQL Server 数据库内的 XML 数据进行查询和统计，包括文字、符号、标签等。支持对指定范围的 XML 数据进行查询和统计，支持手工输入检索词和读取 Access 表（如自造字列表、认同字表和字库字表等）中的多个检索词。查询和统计的结果输出到指定的 Access 表中。

读取 Access 表中的多个检索词自动进行检索时，可人工控制检索与统计的过程。查询和统计可以中断，软件自动记录中断点，可分多次完成查询和统计过程。

（6）数据批量修改工具

能对 SQL Server 数据库内的 XML 数据进行批量修改，包括文字、符号、标签等。支持对指定范围的 XML 数据进行修改，支持贴字图和文字的相互替换，支持手工输入和读取 Access 格式的修改列表（如认同字表等）。将批量修改的结果或差错写入指定的 TXT 文档。

（7）字库和外字查看工具

查看 Access 格式的字表，包括自造字列表、认同字表和字库字表，并提供简单的检索功能。

（8）IDS（Ideographic Description Characters，表意文字描述序列）的输入和显示工具

提供支持 IDS 输入和显示的工具，输入 IDS 动态显示文字，输入文字显示 unicode 编码和 IDS 编码。

3. 数据要求与规范

（1）数据要求

①XML 和 PDF

XML 文档要符合相关的国际、国内、行业标准，符合国家图书馆《中文文献全文版式还原与全文输入 XML 规范》。

PDF 文档要符合相关的国际、国内、行业标准，与 XML 文档中的文字和版式内容一致，由 XML 文档直接生成。完成文字规范后再由

XML 批量生成 PDF。

国家图书馆提供《中文文献全文版式还原与全文输入 XML 规范》、规范使用指南、部分 XML 和 PDF 样张。

②贴图

贴图数据可保存在 XML 文件中,应符合国家图书馆《中文文献全文版式还原与全文输入 XML 规范》。具体要求:

- 贴图分类:原书插图、牌记、印章、贴字图(无法识别的模糊字和不符合造字标准的集外字)、草书和行草序、图文混排叶等。
- 贴图处理细则:无标题的原书插图直接做贴图处理。有标题的原书插图、牌记、印章、草书和行草序、以图为主体的图文混排叶按原书位置做贴图处理,在 XML 文档中录入原书的文字,仅供检索使用,不还原到版面。以文字为主体的图文混排叶将文字按原书还原,其余部分贴图。贴字图均为二值图像,按原书位置做贴图处理,PDF 文件采用 100% 显示比例时,贴字图与其他文字大小相当,对贴字图中的文字进行 IDS 描述。
- 贴图标记:符合国家图书馆《中文文献全文版式还原与全文输入 XML 规范》。

③自造字列表

制作项目中使用的自造字列表,格式为 Access 和 PDF。

Access 表的字段包括 ID、原字贴图、字形、Unicode 编码、输入法编码、每次出现的叶和列。

PDF 文档中包括原字贴图、字形、Unicode 编码、第一次出现的位置。

④贴图列表

制作项目中使用的贴图列表,格式为 Access 和 PDF。

Access 表的字段包括 ID、图像文件名(若图像数据保存在 XML 文件中,则记录 XML 文件名)、图像大小、贴图类型、贴图字的 IDS 描述、出现的叶、列和字位。

PDF 文档中包括贴图(缩略图)、图像文件名(若图像数据保存在

XML 文件中,则记录 XML 文件名)、贴图类型、出现的叶、列和字位、贴图字的 IDS 描述。

⑤字库字表

制作基于 UNNICODE5.0 的 7.1 万字库中全部字的列表,格式为 Access。

Access 表的字段包括 ID、字形、Unicode 编码、本项目中使用的字频。

⑥认同字表

制作提供认同字表,格式为 Access。认同字表中应包含集外字认同(主要指异构字)和其他认同。

Access 表的字段包括 ID、原字字形、原字 Unicode 编码、认同字字形、认同字 Unicode 编码、出现的叶和列。

⑦XML 说明文档

制作 XML 文档格式说明、详细的标记说明和置标规范,格式为 Word 文档。

⑧技术元数据和管理元数据

制作项目的技术元数据和管理元数据。

⑨项目报告

项目完成后撰写书面项目报告,内容包括项目的完成情况和质量状况,项目相关统计作为附件,格式为 Word 文档。

⑩项目统计

项目完成后,进行项目相关统计,包括文字总量统计、集外字总量和分布、逐字字频统计、贴图总量和分布统计、贴字图总量和分布统计。

(2)有限文字规范

①文字使用的范围

全文录入或 OCR 使用的文字基于 UNNICODE5.0 的 7.1 万字库。

②文字规范的范围

以基于 UNNICODE5.0 的 7.1 万字库(兼容或部分兼容 GB

18030:2005）为标准划分集内字与集外字。

方志文献存在较多异体字，异体字是记录语言中相同词语、在使用中功能没有差别的一组字，根据来源不同可分为两类，一类来源构形的"异构字"，一类来源书写的"异写字"，拟对文献中出现的笔画异写字录入时规范繁体字。

笔画异写字概念：书写变异形成的异体字。古籍刻写者为抄写、刻写方便，刻写者自身书写习惯、审美观，字体转换失当，人为处理讹误等原因造成文字笔画变异的字形。笔画异写字存在笔画的多少、长短、曲直、偃仰等差别。

集内字不做规范：对集内字不进行文字规范。

集外字规范的范围：能够认同的集外字，认同为规范繁体字。不能够认同的集外字，对使用频率较高的集外字按原字形进行造字处理，对使用频率较低的集外字做贴图处理。

③文字规范的细则

新旧字形：文献中的旧字形采用新字形替换，文献中合体字偏旁、部件依照新字形标准类推。

避讳字：避讳字认同为规范繁体字。

笔画异写字：笔画异写字认同为规范繁体字。不断完善"认同字表"，项目完成前应确认"认同字表"并进行批量修改。

能够认同的集外字：规范的细则同笔画异写字。

其他：文本中出现的天干、地支统一按天干地支表进行转换。文本中出现的"己""已""巳"依上下文判断。文本中出现的"日""曰"依上下文判断。

④造字

项目中出现的集外字、模糊字等先做贴图处理，依据 IDS 统计字频，确定造字范围，据此造字并替换相应的贴图。

（3）有限版式规范

①有限版式规范的概念

在数字方志版式还原过程中，对原书版式进行一定的统一和规范处理。

②有限版式规范的范围

版面、文字、插图和古籍流传过程中的附加信息(如印章、批校等)。

③有限版式规范的细则

版面规范:版框的形状和颜色按原书还原。版心上的文字按原书还原。书口(黑口、白口)和鱼尾(单鱼尾、双鱼尾)按原书还原。

文字版式:所有版本均用宋体字还原,文字的颜色一律为黑色。文字的位置按原书还原。双行小字和多行小字按原书版式和比例还原。

古籍流传过程中的附加信息:古籍流传过程中的附加信息(以下简称为附加信息)包括后人的点校、批注(通常为手写体)、加盖的印章(通常为有色印章)等。刻本、铅印本、活字本等的附加信息不进行文字转换,加盖的印章不做贴图处理。抄稿本的附加信息按原书版式进行文字转换,加盖的印章做贴图处理(图书馆和其他机构的馆藏章除外)。

4. 流程要求

(1)版式分析

在全文转换前,对每一个原书影像进行版式分析。除了原书插图、牌记、印章、草书和行草序、以图为主体的图文混排叶等做特殊处理,其他叶一律进行全文转换和版式还原。

(2)全文转换和版式还原

全文录入采用双工录入或 OCR 方式,至少进行三次校对,对文字进行有限规范,对版式进行有限还原。

5. 试做要求

(1)完成工具

在开始验收前,准备好必要的验收工具。

(2)完成文字规范表

在开始验收前,完成并确认字库字表。

（3）完成试做样张

根据项目目标和技术要求，完成试做样张，制作 XML、PDF 文档和书面的试做报告。

6. 技术支持与后期服务

完成数字方志加工以后，在发布服务阶段，还应做好技术支持与后期服务，特别是字库升级、发布系统的技术支持和错误的批量修改这三个方面。

4.2 数字资源加工的技术与标准

4.2.1 数字资源加工相关技术

4.2.1.1 数字水印技术

数字水印（Digital Watermarking）技术是将一些标识信息（即数字水印）直接嵌入数字载体（包括多媒体、文档、软件等）当中，但不影响原载体的使用价值，也不容易被人的知觉系统（如视觉或听觉系统）觉察或注意到。通过这些隐藏在载体中的信息，可以达到确认内容创建者、购买者、传送隐秘信息或者判断载体是否被篡改等目的[①]。数字水印技术基本上具有下面几个方面的特点：

- 安全性：数字水印的信息应是安全的，难以篡改或伪造，同时，具有较低的误检测率，当原内容发生变化时，数字水印应当随之发生变化，从而可以检测原始数据的变更。当然，数字水印同样对重复添加行为表现出很强的抵抗性。

- 隐蔽性：数字水印应是不可知觉的，而且应不影响被保护数据的正常使用；不会降低被保护数据的数据质量。

- 鲁棒性：是指在经历多种无意或有意的信号处理过程后，数字

---

① 数字水印［EB/OL］.［2015 - 10 - 25］. http://baike. baidu. cn/view/369009. htm.

水印仍能保持部分完整性并能被准确鉴别。可能的信号处理过程包括信道噪声、滤波、数/模与模/数转换、重采样、剪切、位移、尺度变化以及有损压缩编码等。其中，主要用于版权保护的数字水印易损水印（Fragile Watermarking），主要用于完整性保护，这种水印同样是在内容数据中嵌入不可见的信息。当内容发生改变时，这些水印信息会发生相应的改变，从而可以鉴定原始数据是否被篡改。

- 水印容量：是指载体在不发生形变的前提下可嵌入的水印信息量。嵌入的水印信息必须足以表示多媒体内容的创建者或所有者的标志信息，或购买者的序列号，这样有利于解决版权纠纷，保护知识产权合法拥有者的利益。尤其是隐蔽通信领域的特殊性，对水印的容量需求很大。

根据数字水印的不同属性，可以从多个维度对数字水印进行分类：

（1）按特性分

按水印的特性可以将数字水印分为鲁棒数字水印和易损数字水印两类。鲁棒数字水印主要用于在数字作品中标识著作权信息，利用这种水印技术在多媒体内容的数据中嵌入创建者、所有者的标示信息，或者嵌入购买者的标示（即序列号）。在发生版权纠纷时，创建者或所有者的信息用于标示数据的版权所有者，而序列号用于追踪违反协议而为盗版提供多媒体数据的用户。用于版权保护的数字水印要求有很强的鲁棒性和安全性，除了要求在一般图像处理（如滤波、加噪声、替换、压缩等）中生存外，还需能抵抗一些恶意攻击。

易损水印与鲁棒水印的要求相反，易损数字水印主要用于完整性保护，这种水印同样是在内容数据中嵌入不可见的信息。当内容发生改变时，这些水印信息会发生相应的改变，从而可以鉴定原始数据是否被篡改。易损水印应对一般图像处理（如滤波、加噪声、替换、压缩等）有较强的免疫能力（鲁棒性），同时又要求有较强的敏感性，即既允许一定程度的失真，又要能将失真情况探测出来。必须对信号的改动很敏感,人们根据易损水印的状态就可以判断数据是否被篡改过。

(2)按水印所附载的媒体分

按水印所附载的媒体,可以将数字水印划分为图像水印、音频水印、视频水印、文本水印以及用于三维网格模型的网格水印等。随着数字技术的发展,会有更多种类的数字媒体出现,同时也会产生相应的水印技术。

(3)按检测过程分

按水印的检测过程可以将数字水印划分为明文水印和盲水印。明文水印在检测过程中需要原始数据,而盲水印的检测只需要密钥,不需要原始数据。一般来说,明文水印的鲁棒性比较强,但其应用受到存储成本的限制。目前学术界研究的数字水印大多数是盲水印。

(4)按水印内容分

按数字水印的内容可以将水印划分为有意义水印和无意义水印。有意义水印是指水印本身也是某个数字图像(如商标图像)或数字音频片段的编码;无意义水印则只对应于一个序列号。有意义水印的优势在于,如果由于受到攻击或其他原因致使解码后的水印破损,人们仍然可以通过视觉观察确认是否有水印。但对于无意义水印来说,如果解码后的水印序列有若干码元错误,则只能通过统计决策来确定信号中是否含有水印。

(5)按水印用途分

不同的应用需求造就了不同的水印技术。按水印的用途,可以将数字水印划分为票证防伪水印、版权保护水印、篡改提示水印和隐蔽标识水印。

票证防伪水印是一类比较特殊的水印,主要用于打印票据和电子票据、各种证件的防伪。一般来说,伪币的制造者不可能对票据图像进行过多的修改,所以,诸如尺度变换等信号编辑操作是不用考虑的。但另一方面,人们必须考虑票据破损、图案模糊等情形,而且考虑到快速检测的要求,用于票证防伪的数字水印算法不能太复杂。

版权标识水印是目前研究最多的一类数字水印。数字作品既是商品又是知识作品,这种双重性决定了版权标识水印主要强调隐蔽性和鲁棒性,而对数据量的要求相对较小。

篡改提示水印是一种脆弱水印,其目的是标识原文件信号的完整性和真实性。

隐蔽标识水印的目的是将保密数据的重要标注隐藏起来,限制非法用户对保密数据的使用。

(6)按水印隐藏的位置分类

按数字水印的隐藏位置,可以将其划分为时(空)域数字水印、频域数字水印、时/频域数字水印和时间/尺度域数字水印。

时(空)域数字水印是直接在信号空间上叠加水印信息,而频域数字水印、时/频域数字水印和时间/尺度域数字水印则分别是在 DCT 变换域、时/频变换域和小波变换域上隐藏水印。

随着数字水印技术的发展,各种水印算法层出不穷,水印的隐藏位置也不再局限于上述四种。应该说,只要构成一种信号变换,就有可能在其变换空间上隐藏水印。

4.2.1.2　远距离传输技术

在馆藏数字资源开发项目中,几乎在各个环节都涉及对数据的传输、获取和处理,如何采取一定的技术手段确保传输数据的安全性是每个图书馆都在关注的问题。从一个较高的层次来讲,"数据传输"是一项与机器设备和人员都有关系的工作,其包含内容涉及多个主体、多个环节,例如:①向馆藏增加数字内容,无论是来自机构外部还是由机构自建;②在存储系统之间移动数字内容(内部及外部);③检查数字文件的稳定性、质量和/或权威性;④记录并存档数字文件的传送生命周期中的各种事件。可以说在数据生命周期的各个环节都伴随着传输安全问题。

在馆藏数字资源开发项目中,尤其是大型、合作型项目中,采用一定的封装标准和校验方式确保数据传输安全是尤为重要的一个环节。以美国国会图书馆为例,该馆每年要接受大量来自项目合作伙伴或者网络抓取的数据,大量不同格式、不同介质、不同来源的数据需要在不同的合作伙伴、不同的系统、不同的硬件之间拷贝和传送,该馆亟须一个可以支持、管理并记录这些数据传送过程的工具。针对此问题,美国国会图书馆专门开发了一系列相应的工作规范和软件工具,具体包括①:①BagIt:一种对用于传输的数字内容进行打包的规范,支持最低限度的自我识别和自我描述,支持错误检测及传输优化;②BagIt Library(BIL):一种用于创建、操作、验证文件包的 Java 软件工具;③BagIt Transfer Utilities:由美国国会图书馆及其 NDIIPP 项目合作伙伴共同开发的工具集,目的是验证和传输文件包。具体包括 Parallel Retriever(高效打包传输工具)、VerifyIt(使用 MD5 码验证文件未被修改或损坏的工具)、Bag Validator(使用 BagIT 规范验证文件包的工具,同时可检测文件和清单不一致之处)。

目前,BagIt 工具已被 NDIIPP、NDNP、eDeposit 先导计划等多个项目的多数成员使用,哈佛项目使用的也是 BagIt 工具。并且,这些工具中的部分目前已可以通过网络进行免费获取和下载②,这也是美国国会图书馆通过 Sourceforge. net 网站发布的第一个开源软件。

BagIt 规范可用于对元数据和对象数据进行封装。BagIt 是一种分层级的支持数字内容的硬盘存储和网络传输的文件打包规范,由有效负载数据"data"和标签"tags"组成。顶级标签文件"tags"提供元数据及校验信息,"data"子目录内含有效负载数据,可包含任意的文件层级,一般将图像数据封装在"data"文件目录下。然后通过顶级标签"tags"文件提供对数据的 MD5 校验。而 MD5 是计算机安全领域广泛使用的一种散列函数。通过 MD5 校验,可以确保获得的数据与提供的数据为同一文件,为数据传递、备份、长期保存等提供完整性、一致性保护。MD5 全称为 Message Digest Algorithm 5(消息摘要算法),为

---

① NDIIPP Partner Tools and Services Inventory[EB/OL]. [2015 – 10 – 25]. http://www. digitalpreservation. gov/tools/.

② Library of Congress-Transfer Tools[EB/OL]. [2015 – 10 – 25]. http://sourceforge. net/projects/loc-xferutils/.

RSA 数据安全公司开发的一种单向加密散列算法。MD5 可以用来把不同长度的数据块暗码运算成一个 128 位的数值。一个 MD5 校验通过对接收的传输数据执行散列运算来检查数据的正确性,将计算出的散列值拿来和随数据传输的散列值进行比较,如果两个值相同,说明传输的数据完整无误、未经窜改,从而确保数据的安全性。MD5 具有非常强的"雪崩效应",即使是只相差 1 个字符的长字符串,计算出来的 MD5 码也完全不一样,无任何规律可言,具有非常好的检验特性①。

数字文件的拷贝和传输是所有馆藏数字资源开发项目都无法回避的一个重大问题,一方面涉及文件传送速度,另一方面更涉及数字文件的安全性、完整性等。使用在国内外已有成熟理论及应用基础的传输校验规范和工具,对于确保大型、合作型数字资源开发项目中数据传输的规范性、安全性和稳定性,是一种事半功倍、大有裨益的措施。

4.2.1.3　数字版权管理技术

随着数字技术及互联网的发展,版权问题已经成为影响数字资源网络传播和服务的重要因素,在这个背景下,数字版权管理(Digital Right Management,简称 DRM)应运而生,其目标是通过先进的技术手段,在提供数字资源和服务的同时,有效地防止对这些资源的非法使用和复制,从而达到保护知识产权的目的。在馆藏数字资源开发与管理中,DRM 应用可覆盖电子图书、视频、音频、图片、文档等不同类型数字内容的保护,目前已经有一些成熟的技术用以实现 DRM,包括对称加密、非对称加密、PKI 公钥体制、数字水印、数字摘要、数字指纹、XML 元数据及 DOI 等②。

---

① 杨柳. NET 环境下 MD5 加密技术的研究[J]. 计算机安全,2011(12):43—46.

② 毕强,陈晓美等. 数字资源建设与管理[M]. 北京:科学出版社,2010:215—219.

4.2.2　数字资源元数据和对象数据加工的标准规范

标准规范是数字图书馆建设的基础,是开发利用和共建共享数字资源的基本保障,同时也是保证数字图书馆资源和服务在整个数字信息环境中可利用、可互操作、可持续发展的基础。因此,在数字资源及数字图书馆的开发建设中,应当坚持标准规范建设先行的原则。

针对对象数据加工,国内图书档案界先后研制了多项标准规范成果,比较有代表性的包括国家科技部的"我国数字图书馆标准规范建设项目(CDLS)"、国家"211 工程"的"大学数字图书馆国际合作计划(CADAL)"、国家图书馆的"国家数字图书馆工程标准规范项目"等。

4.2.2.1　我国数字图书馆标准与规范建设项目

我国数字图书馆标准与规范建设项目(CDLS)是科技基础性工作专项资金重点项目①,主要针对数字图书馆系统的数字资源建设与服务,制定我国数字图书馆标准规范发展战略与标准规范框架,制定数字图书馆核心标准规范体系,建立数字图书馆标准规范开放建设与开放应用机制,促进我国数字图书馆的快速、经济和可持续发展。项目一期从 2002 年 10 月开始启动,到 2005 年 9 月结束。项目二期于 2006 年启动,有关成果逐步公开发布。

CDLS 项目包括 15 个子项目,涉及从整体到细节、从加工到服务的各个方面:

- 总体框架与发展战略
- 开放建设机制
- 数字资源加工规范
- 基本元数据规范
- 专门元数据规范
- 数字对象唯一标识符
- 数字资源检索协议规范

---

① CSDL[EB/OL].[2015 – 10 – 25]. http://cdls. nstl. gov. cn/.

- 元数据规范开放登记系统
- 资源集合元数据规范
- 高层元数据规范
- 数字资源描述标准规范的完善与扩展建设
- 数字图书馆集成服务描述标准规范研究
- 数字图书馆知识组织系统标准规范研究
- 数字资源唯一标识符应用系统的完善建设
- 数字图书馆标准规范推广宣传应用

4.2.2.2　CADAL 数字对象标准规范框架

　　CADAL 针对数字对象加工、元数据、对象标识等研制了一系列标准规范框架[①]，其中，与对象数据相关的标准规范为"数字对象加工标准规范集"，涵盖了资源查重和评估标准、数字对象制作规范、数字对象内容编码标准等多个方面的内容。

表 4–21　CADAL 数字对象标准规范框架

	分项标准规范	标准规范细目	实施单位
数字对象加工标准规范集	资源查重和评估标准		
	数字对象制作规范	文档数字对象制作规范	杭州中元数据科技有限公司
			深圳市点通数据有限公司
		图片数字对象制作规范	杭州中元数据科技有限公司
			深圳市点通数据有限公司
		音频数据加工标准与操作规范	上海师范大学
		视频数字对象制作规范	深圳市点通数据有限公司
	数字对象内容编码标准	数字内容编码与内容标记规范	杭州中元数据科技有限公司
			深圳市点通数据有限公司

---

　　①　CADAL[EB/OL].[2015–10–25].http://www.cadal.cn/bzgf/.

续表

	分项标准规范	标准规范细目	实施单位
数字对象元数据标准规范集	元数据总则	基本元数据标准与扩展集标准(草)	浙江大学图书馆
		基本元数据与 MARC 映射表	
		专门元数据设计规范	
		管理元数据规范	
		元数据著录规则(草)	浙江大学图书馆
		元数据名称空间方案	
		复合数字对象描述标准和规范	
		CADAL 元数据规范草案(version 2.0)	浙江大学图书馆
		CADAL 数字化文本元数据规范草案补充说明	浙江大学图书馆
	专门元数据和著录规则	元数据著录总则	浙江大学图书馆
		学位论文元数据著录规则	浙江大学图书馆
		古籍元数据著录规则	浙江大学图书馆
		中文图书元数据著录规则	浙江大学图书馆
		民国图书著录细则	浙江大学图书馆
		西文图书元数据著录规则	浙江大学图书馆
		期刊元数据著录规则	浙江大学图书馆
		报纸元数据著录标准	深圳市点通数据有限公司
		外文科技报告元数据规范与著录规则	华中科技大学图书馆
		满铁资料描述元数据规范	
		满铁资料描述元数据著录规则	北京交通大学图书馆
		侨批元数据著录规则	汕头大学图书馆
		地方志元数据规范与著录规则	
		图片元数据规范与著录规则	中国美术学院图书馆
		音频资料描述元数据标准规范	上海师范大学
		视频资料元数据规范与著录规则	中央广播电视大学图书馆
		缩微胶片数字化加工标准与规范	华中科技大学图书馆

	分项标准规范	标准规范细目	实施单位
数字对象标识标准规范集	数字对象内部标识与命名规范	数字对象标识与命名规范	浙江大学图书馆
		数字对象唯一标识符规范	浙江大学图书馆
		复合数字对象标识标准规范	浙江大学图书馆
		数字对象阅读规范	浙江大学图书馆

4.2.2.3　国家数字图书馆工程标准规范

国家数字图书馆标准规范研制工作以开放性为原则,采取竞争性谈判方式向社会各界,尤其是向文献信息机构发出广泛参与研制的邀请①。数字图书馆标准规范体系主要由数字资源建设标准规范、数字图书馆应用服务标准规范、版权保护与权利描述标准规范、面向数字图书馆的电子商务标准规范等组成。其中,数字资源建设标准规范涉及数字对象的加工、描述、组织、存储、检索和服务,要建立相应的技术标准规范;建立元数据统一结构框架和相应的元数据描述、加工处理、转换和检索的技术标准规范;建立对网上资源进行搜集、筛选、编目、加工、使用的方法和相应的技术标准规范等。在数字图书馆应用服务系统的建设中,要建立统一描述机制,支持统一的资源命名规则和唯一标识;建立开放的、可互操作的数字资源组织与管理标准规范;建立可互操作的数字对象调度机制等。此外,还应充分利用现有的其他相关标准规范。

在国家数字图书馆制定的系列标准规范中,与对象数据相关的标准规范为 D003 子项目,具体包括《国家图书馆数字资源对象管理规范》《文本数据加工标准与工作规范》《图像数据加工标准与工作规范》《音频数据加工标准与工作规范》《视频数据加工标准与工作规范》。

---

① 国家数字图书馆工程［EB/OL］.［2015－10－25］. http://www. nlc. gov. cn/newstgc/.

表 4 – 22　国家数字图书馆工程标准规范

子项目 编号	子项目名称	规范名称
D001	汉字处理 规范	汉字属性字典
		中文文献全文版式还原与全文输入
		XML 规范
		古籍用字规范(计算机用字标准)
		计算机中文信息处理规范
		生僻字、避讳字处理规范
D002	唯一标识符	国家图书馆数字资源唯一标识符规范
D003	对象数据	国家图书馆数字资源对象管理规范
		文本数据加工标准与工作规范
		图像数据加工标准与工作规范
		音频数据加工标准与工作规范
		视频数据加工标准与工作规范
D004	元数据总则	国家图书馆元数据应用规范
		国家图书馆元数据置标规范
		国家图书馆核心元数据标准
		国家图书馆专门元数据设计规范
		CNMARC XML
		CNMARC-DC-国家图书馆核心元数据集的对照转换
		MARC21-DC-国家图书馆核心元数据集的对照转换
D006	专门元数据 规范——古 文献	专门元数据标准与著录规范——拓片
		专门元数据标准与著录规范——舆图
		专门元数据标准与著录规范——甲骨
		专门元数据标准与著录规范——古籍
		专门元数据标准与著录规范——家谱

子项目编号	子项目名称	规范名称
D005	专门元数据规范——电子书刊	专门元数据标准与著录规范——电子图书
		专门元数据标准与著录规范——电子连续性资源
		专门元数据标准与著录规范——学位论文
		专门元数据标准与著录规范——期刊论文
D007	专门元数据规范——网络及多媒体资源	专门元数据标准与著录规范——网络资源
		专门元数据标准与著录规范——音频
		专门元数据标准与著录规范——视频
		专门元数据标准与著录规范——图像
D009	知识组织	知识组织规范
D010	资源统计	数字资源统计标准
D011	长期保存	国家图书馆数字资源长期保存规范
D012	管理元数据	国家图书馆管理元数据规范

4.2.3　数字资源唯一标识符的标准规范

在 CDLS 项目众多子项目中,包含一个与唯一标识符相关的子项目:"数字资源唯一标识符应用系统的完善建设"。在 CADAL 项目中,由浙江大学图书馆负责研制了"数字对象标识标准规范集",包括数字对象标识与命名规范、数字对象唯一标识符规范、复合数字对象标识标准规范以及数字对象阅读规范。国家数字图书馆工程的标准规范体系中,也包含了数字资源唯一标识符规范,并且据此研制开发了唯一标识符系统。

4.3　数字资源保存

数字资源长期保存既要考虑存储对象的能力,保持生产者的原始目的(可用性和可信度),还要考虑通过维护资源,保持它的生存能力、可呈现能力和可理解能力。而技术的不断更新发展,使得如何保持数字资源的可读性成为一个技术难题,而且保存工作将花费大量资金、人力、专家资源,应该由谁来担负起这一责任,就不仅涉及政策问题,还涉及相关经济、法律等问题。

数字资源长期保存相关研究主要涉及以下四方面的因素[①]:法律政策环境;责任体系及管理机制;技术策略;经济机制。其中法律政策环境及经济机制是长期保存活动中重要、不可或缺的外部条件,技术框架与长期保存活动直接相关,而责任体系及管理机制是决定长期保存成败的首要因素。

数字资源的长期保存实践方面,国外的学者早已意识到问题的重要性与紧迫性,相关研究开展得较为深入广泛,同时已经建立起多个保存项目,而国内相关理论和实践较国外还相对滞后。我国比较早关注数字信息保存的机构是档案馆。1995 年国家档案局档案科学技术研究所提出并开展了电子文件归档与电子档案管理方面的研究,先后发布了《CAD 电子文件光盘存储、归档与档案管理要求》(GB/T 17678.1/2—1999)与《电子文件归档与管理规范》(GB/T 18894—2002)两个国家标准[②]。近年来,已经有更多的研究人员开始关注数字资源的长期保存问题,在长期保存实践方面,国家图书馆、中国科学院

---

①　赵俊玲.网络信息资源长期保存初探[J].图书馆工作与研究,2006(1):31—33.

②　任平.欧洲数字信息长期保存研究及其启示[J].大学图书馆学报,2005,23(4):26—30.

文献情报中心、清华大学等单位已开展了这方面的实践探索。

4.3.1　数字资源长期保存模式

数字资源长期保存体系涉及政策、经济、管理、技术等多方面,在长期保存实践过程中,需要在各个环节对不同层面涉及的各种要素进行深入分析与协调组织。在综合国内外多个实践项目及多位学者研究论文的基础上,本书提出了我国数字资源长期保存体系建立的整体框架图(见图 4 - 5),图中对长期保存体系建立过程中可能涉及的各种因素进行了梳理与总结。同时,由于目前我国的数字资源保存活动还处于初级阶段,在每个具体环节的选择与实现方面,还需要相关实践与研究的进一步推动与深化。

根据 OAIS 模型,在长期保存活动中,涉及的利益方主要包括资源生产者、资源保存者及用户。而这 3 个不同的利益方,又分别可划分为多个责权主体。如何确立保存活动的责权体系,明确各方的权力义务,是关系到保存活动是否能顺利有序进行的首要问题。而在责权体系中,对保存活动起主导和管理作用的是资源的保存方,它承担着保存活动计划、组织协调、技术体系设计实施、质量控制、中长期管理等多方面的责任。而数字资源的长期保存职责应当由谁来承担,目前还没有明确的法律法规予以界定。

Kenney 等学者分析了国外 12 个主要的长期保存项目,他认为长期保存活动主要有以下 3 种组织方式[①]:政府主导方式,主要由国家图书馆负责,如 KB 的 e-Depot 项目、英国国家图书馆的 DOM(Digital Object Management)项目等;资源联盟方式,指某一地区或某一系统内为资源共建共享而建立起来的某种资源联盟,最初搜集数字内容的目的是获取而不是保存,随着系统的发展逐渐关注长期保存问题,并将其

---

① A. R. Kenney, R. Entlich, et al. E-journal Archiving Metes and Bounds: A Survey of the Landscape [EB/OL]. [2007 - 12 - 09]. http://www.clir.org/pubs/reports/pub138/pub138.pdf.

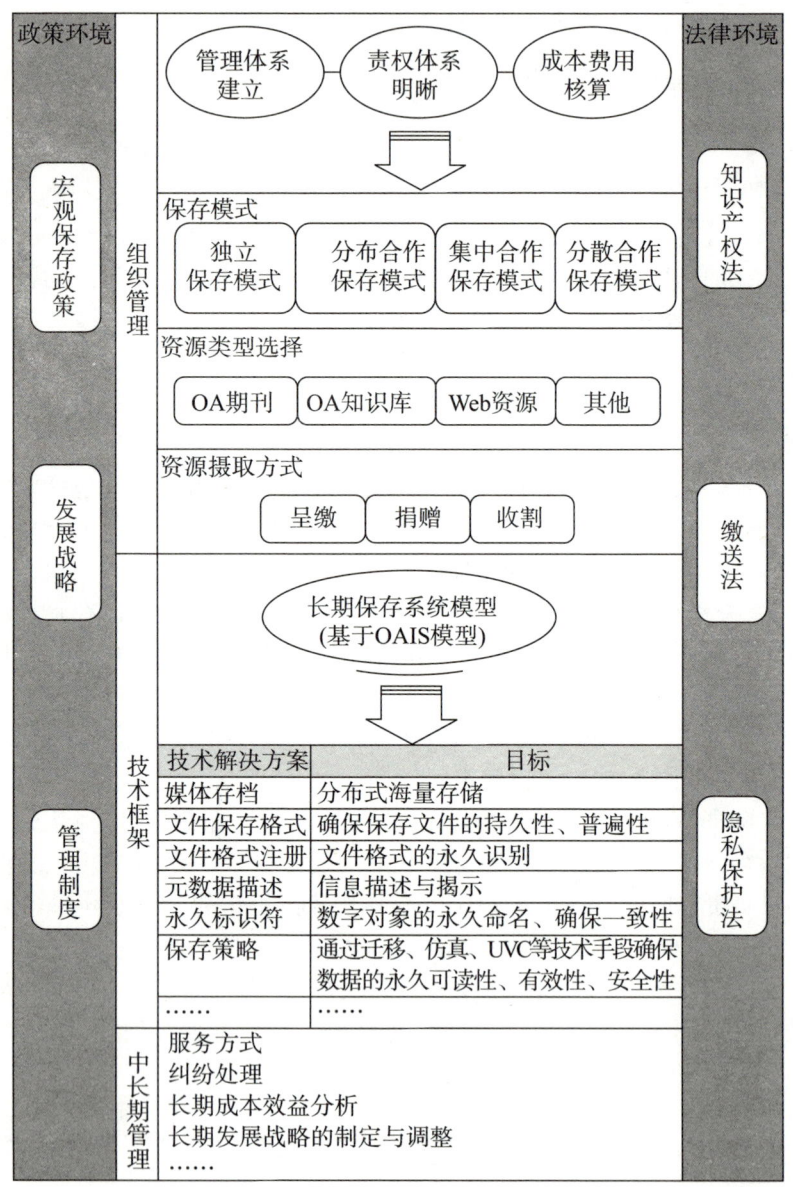

图4-5　长期保存体系框架

作为系统的重要功能之一,如俄亥俄图书馆与信息网络(OhioLINK)和安大略学术门户(Ontario Scholars Portal);成员加盟方式,如 LOCKSS 项目等,是专门以长期保存为目的建立起来的世界范围内的合作同盟。虽然 Kenney 的研究主要侧重电子期刊长期保存问题的研究,但其研究及结论可以在数字资源长期保存整体领域进行扩展,基本概括了当前长期保存的现状①。我们可以看到,无论采取哪种方式,图书馆都是其中不可或缺的主导力量。

国际图联与国际出版者协会(IFLA/IPA)的联合声明中指出,"出版机构承诺短期保存他们出版的数字形式的出版物,而图书馆则应通过与出版机构的协商,承担起长期保存这类出版物的责任"。图书馆作为一种公益性质的文化机构,历来受到政府以及相关机构的资助支持,图书馆的保存职能就是保存历史和文化,使文明得以延续,因此在数字资源的长期保存方面,图书馆有着无可推卸的责任。

在国外,长期保存问题已经引起了图书馆的极大关注。欧洲国家图书馆联盟(CENL)在 330 个欧洲图书馆中做了一个调查,据统计,其中 90% 的图书馆认为要做长期保存工作,40% 的大学图书馆已经在进行这方面的实践,35% 的图书馆则计划在建。而国内图书馆在这方面的意识则相对滞后。

国内的图书馆,尤其是国家图书馆,应当在数字资源的长期保存方面发挥其相应的职能与作用,对全国的保存工作实施统一规划、协调管理。同时要调动国内其他科研图书馆、大学图书馆、非营利性信息机构、出版机构等的积极性,在资源协调保存方面,共同做出努力。

诚如澳大利亚国家图书馆认识到的,开放的网络信息资源的驳杂与庞大,其长期保存已经超越了任何一个独立机构所能承担的能力。

---

① S. Hoorens, J. Rothenberg, et al. Addressing the Uncertain Future of Preserving the Past: Towards a Robust Strategy for Digital Archiving and Preservation[EB/OL] [2007 − 12 − 09]. http://www. rand. org/pubs/technical _ reports/2007/RAND _ TR510. pdf.

鉴于我国的长期保存实践分散且缺乏规模的现状,笔者认为,我国宜采取集中合作保存模式。集中是出于对长期保存活动系统组织、科学规划的考虑;合作则便于以最优的资源配置实现数字资源最大化的保存。

在数字资源长期保存中,为使有限的经费得到最大化利用,保存机构相互间的技术、经验可以共享,避免重复工作,需要建立不同层次的合作机制。具体包括:国际合作,即在标准规范的制定、问题研究、具体实践等方面,与国际上较有经验的国家进行合作,以取长补短,实现后发优势;国家级别的机构间合作,即在国家图书馆、公共图书馆、科研图书馆、高校图书馆等相关领域的牵头机构间展开合作,进行技术上的合作攻关、资源保存上的合理分工、经费的最佳分配等;另外,可以根据我国机构的特点,采取纵向行业内、横向地区内双管齐下合作,形成上下合作链。

在合作过程中建立一套长期保存登记机制也是十分必要的,可以使资源的保存公开透明,形成一个支持网络,相互依存、互换信息、共享责任,包括存档内容、技术应用、实施经验等;获取必要的契约权以保护并最终提供内容存取,及时发现和保存那些当前没有受到保护、随时可能消亡的数字资源。

在集中合作保存模式中,国家图书馆作为长期保存实践中的一个重要角色,其重要地位及职责都不容忽视。国家图书馆应当因势利导,勇于承担自己在数字资源长期保存中的相应历史责任,在相关实践活动中扮演主导者的角色。

4.3.2 长期保存体系建立的原则

为了保存我国的数字文化遗产,尤其是那些更容易散佚和缺失的数字资源,我国需要从国家层面统一规划,建立起相应的管理机制,同时构建符合国际标准、具有持续性和可拓展性的技术框架模型。在长期保存实践中,有如下建设原则值得关注:

1. 整体规划。数字资源的长期保存是一项复杂、长期且需要多方协作的系统工程,尤其需要在国家层面制定相应的保存政策,以确保保存工作的长期协调进行。如美国国会就于 2000 年 12 月通过了一项立法,即建立国家数字信息基础结构和保存规划 NDIIPP(National Digital Information Infrastructure and Preservation Program),并责成国会图书馆联合主要的国家机构、在数字内容存档的收集和管理方面有实践经验的团体,以及其他致力于数字格式工作的私有机构等,带动全国开展长期保存数字内容的活动①。NDIIPP 的设计思想和方法对我国数字资源保存实践活动有着很好的参考和指导作用。

2. 合作保存。在保存过程中,对合作的强调出于以下几个方面的考虑:①保存工作的复杂性,权益主体的多元化,都需要多方协作;②避免资源保存上的重复性;③避免系统建设的重复性。

3. 标准化建设。标准是数字资源长期保存系统建设过程中重要元素之一,是保证数字信息资源长期保存各环节互操作的基础,贯穿于数字资源生命周期的全过程②。虽然目前还不存在数字资源长期保存公认的标准体系框架,但国际上一些大型保存项目可以为我们提供一些启示,在长期保存系统的各个环节,都应注重相应标准的选择与确立。

4. 广泛宣传、积极行动。目前,长期保存工作在我国开展得还不是很广泛,相关工作的重要性还没有引起公众的普遍关注,因此在推进数字资源的广泛利用的同时,也应当加强对其保存工作的宣传和推广,扩大其社会影响力和关注度。

---

① 宛玲. 国外数字资源长期保存的最新发展及对我国的启示[J]. 中国图书馆学报,2004,30(2):22—26.

② 郭义. 数字信息资源长期保存系统的标准体系研究[J]. 现代图书情报技术,2006,1(4):14—18.

5 馆藏数字资源的组织与整合

5.1 数字资源组织方法

馆藏数字资源通过选择、采集、加工制作等流程,形成了一个个特色数字资源库。特色数字资源库可以在多个维度上进行组织,根据加工对象不同有图书、期刊、音视频、古籍等数字资源库;根据主题内容不同分为历史、文化、科技、教育等数字资源库。如何将这些分散的、不同类型的馆藏特色资源库进行有效组织以方便用户查阅、检索和使用是图书馆馆藏数字资源开发建设的一个重要方面。

随着新技术的不断应用,图书馆馆藏文献组成、资源组织形式、信息服务内容及管理模式都发生了深刻的变化。图书馆从传统的封闭式服务模式逐步向开放式的网络化信息服务转变。图书馆馆藏资源日益丰富、种类繁杂、形式多样,尤其是数字资源的多样性和复杂性对信息资源组织也提出了更高的要求。

信息资源组织是根据用户检索信息资源的需要,以文本、图像等各种信息资源为对象,通过对其物质外形特征和内容特征的分析、选择、标引、记录,使其成为有序化集合的活动①。信息资源组织工作包括信息资源的描述、主题标引、分类标引、规范文档建设、检索工具或检索系统的建立等。信息资源描述是指以编目记录的形式对信息资源的物质外形特征进行分析、选择和记录,并根据信息资源的外在特征赋予其检索标识的过程。信息资源的主题标引与分类标引,是指根

---

① 段明莲,沈正华.数字时代的图书馆信息资源组织[M].北京:北京图书馆出版社,2006:6.

据信息资源的主题内容和其他特征,赋予其相应的类别或主题表示的过程。规范文档与检索系统的建设则是完成和体现信息资源组织的必要环节。

信息资源组织的根本目的在于:将杂乱无章的信息资源组织成一个有序化的集合体,满足用户检索信息资源的各种需要,从而达到方便获取信息资源的目的。

5.1.1　MARC 数据与实体馆藏资源组织

MARC 的全称为机器可读目录(Machine-Readable Cataloging),是图书馆界发展历史最悠久、最成熟的计算机能够识别和阅读的目录,也是为描述、存储、交换、处理及检索信息资源而精密设计的标准。图书馆对不同形态的实体馆藏资源组织由来已久,相关技术与方法也趋于成熟。在过去相当长的一段时期内,MARC 数据都是图书馆对实体馆藏资源组织的最有效途径。

MARC 数据是将图书馆的各种信息资源进行综合分析处理,提取主要的信息要素,按一定的规范格式组织起来,提供给人们检索。利用 MARC 数据的结构化特点能够将一条数据划分为多个功能块,每个功能块由若干个字段或数据元素组成。为了便于计算机准确地辨认著录项目和著录单元,MARC 数据为各个著录项目和著录单元分别设置了与之对应的字段和子字段。记录头标区、地址目次区、数据字段区和记录分隔符等构成一条完整的 MARC 记录。MARC 数据卡片记录样例如图 5－1 所示。

MARC 数据从多方面充分描述了图书馆实体馆藏资源的外在特征和内容特征。格式一体化的 MARC 数据,将资源揭示功能、数据检索功能和资源管理功能并举,使得书目数据在同一数据库中可以处理普通图书、连续出版物、手稿、舆图、乐谱、音视频资源以及电子资源等各种类型的出版物,MARC 数据作为单一的、灵活的、便于使用的机读格式,实现了机构之间的数据交换、资源共建共享,也为馆藏数字资源整合提供了庞大的数据基础。

系统号	004830778
头标区	-----oam2 22----- 450
ID 号	004830778
通用数据	20100827d2010 em y0chiy50 ea
题名与责任	从文献编目到信息资源组织 [专著] / 王松林著
出版项	北京：国家图书馆出版社，2010
载体形态项	16，275页 ; 23cm
丛编项	当代中国图书馆学研究文库
语言	chi
一般附注	国家"十一五"重点图书出版规划项目
内容摘要	本书前半部分以"文献编目"为中心，着重探讨联机编目网络化所必备的编目环境与条件；后半部分讨论"信息资源组织"，阐述了信息组织的概念以及信息组织与知识组织、主题编目等的关系。
主题	文献编目 - 文集
主题	信息资源 - 资源管理 - 文集
主题	文献编目
主题	信息资源
主题	资源管理
中图分类号	G254.3-53
中图分类号	G203-53
著者	王松林 (1953~) 著
上连	001003613299
馆藏	中文基藏
馆藏	书刊保存本库
馆藏	北区中文图书区
馆藏	图书馆学资料室
馆藏	预留外文文藏
全局馆藏	所有单册

图 5-1 MARC 数据卡片记录样例

5.1.2 DC 元数据与数字资源组织

信息技术的迅猛发展，向人们展现了数字资源的无穷魅力及其提供信息服务的巨大潜能。但网络环境下的数字资源不同于传统信息资源，它具有增长迅速、数量巨大、形式多样、稳定性差、信息质量参差不齐、规范性差等特点。面对这一丰富而又繁杂无序的信息资源宝库，如何采用行之有效的资源组织和管理方式，使用户能够快速、准确地找到所需信息，一直是图书馆界讨论的热点，也成为图书馆亟待解决的重要问题。

MARC 数据相对复杂，所形成的目录过于专业化和复杂化，适用于形式相对稳定的物理载体，如印刷型出版物、图像、缩微、数据库等，而对于新兴的数字资源，MARC 数据显现了它的局限性，为了实现对海量数字信息资源的有效组织，都柏林核心（DC）元数据应运而生，它是一个简单、易于掌握的数据模型。

DC 元数据是目前国际上最有影响的元数据格式之一，其基本内容是一组由 15 个元素构成的元数据元素集合,称为"都柏林核心元数据元素集"(Dublin Core Metadata Element Set,简称 DCMES),已成为多个国际标准组织和许多国家的正式标准。围绕着这个核心集,DC 又逐步发展起了一整套方法论和扩展规则,包括扩展元素、抽象模型、编码规范、应用指南、相关领域的应用纲要等,应用面逐步扩大,目前已成为"语义万维网"运动的重要语义基础一种简单易用的信息资源描述格式①。由于 DC 是基于资源发现的目的而创造,只有 15 个元素且易于理解,每个元素可任意选择或重复使用,因此能够为网络信息资源的著录提供一种更简单、有效的方式,主要通过电子资源提供者对 Web 资源属性信息的描述,粗略地对资源内容进行编目,帮助人们尽快地获取所需信息。使用人员经过基本训练就可对数字资源进行合理著录,这样可增加目录生成的途径,从根本上解决对于庞大数字资源进行编目的问题。

DC 元数据包含有 15 个基本元素,主要分为三方面:资源内容描述元素、知识产权描述元素和外部属性描述元素(见表 5–1)。

DC 元数据比较简单和灵活,既避免了搜索引擎自动搜索、著录过于简单的弊端,同时也避免了 MARC 格式的过于专业化及其复杂性。DC 元数据可扩展,兼容和通用性强,使得作者、出版者或信息提供者等非图书馆专业编目人员就能进行编目,降低了编目成本,能迅速适应数字资源的巨量增长,对数字资源的组织工作起到了很大推动作用。

DC 元数据的设计主要是为了支持电子资源的发现或查找,其元素能够作为用户查找电子资源的重要依据,题名、主题、创建者、其他贡献者均可作为检索点。此外,这些元素的内容可以优化,对其采用受控词汇和规范控制,则能更好地发挥查找功能。DC 元数据虽然不是电子资源的完全替代品,但在某种程度上能够代表资源,可以用来支持资源的选择。

①　刘炜楼,向英,赵亮. DC 元数据的历史、现状及未来[EB/OL]. [2015–10–25]. http://eprints.rclis.org/6077/1/DCMI4%E5%B9%B4E5%88%8A_DC.pdf.

表5-1 DC元数据元素集

元素属性	元素名称	元素说明
资源内容描述元素	题名(Title)	由创建者或出版者提供的资源的正式名称
	主题(Subject)	资源的论题,通常是用来描述资源的关键词或分类号,来自一个受控词表或正式的分类体系
	描述(Description)	包括文摘、目次表内容图示参照或自由文本的记述
	来源(Source)	资源的出处,当前资源可从来源资源中获取
	语种(Language)	资源内所采用的语言
	关联(Relation)	相关资源的参照,该资源与其他资源间的关系
	覆盖范围(Coverage)	资源内容的程度或范围,包括空间位置、时间期限
知识产权描述元素	创作者(Creator)	对资源内容负主要责任的个人或组织
	出版者(Publisher)	负责资源以当前形式可获得的个人或组织
	其他责任者(Contributor)	对资源内容做出贡献的其他个人或组织,如编者、译者、插图者
	权限管理(Right)	控制资源的权限信息,包括资源的权限声明、知识产权等
外部属性描述元素	日期(Data)	与资源的声明周期密切相关的日期,特指资源的产生或可获得的日期
	类型(Type)	包括描述内容的通用范畴、功能、风格等,如小说、诗歌等
	格式(Format)	资源的物理或数字显示形式,包括资源的媒体类型、大小、格式,可用来确定显示或操作资源所需的软件、硬件或其他设备
	标识符(Identifier)	符合一个正式识别系统,用来鉴别资源的字符串或数字,如 ISSN、URL、ISBN 等

DC 元数据作为一种结构化的元数据,主要是针对网络信息资源的特性而创建的,具有广阔的前景。如果能建立 DC 元数据与 MARC 格式间的映射关系,达到相互兼容,从而实现信息资源先由资源制作者提供 DC 元数据,在此基础上再由信息工作者重点挑选质量较高、稳定性好的网络资源进行 MARC 格式详细著录,将信息资源组织达到完美境界。

5.1.3 数字资源的分类组织

分类法是进行传统信息组织的两大工具之一。它将各种知识领域的类目按知识分类原理进行系统排列,并以代表类目的数字、字母符号作为文献的主题标识,直接体现了知识分类的概念标识系统。这种方法客观反映了知识的全貌及其内在的逻辑关系,符合人们认识事物的逻辑思维方式,在数字环境下分类法已经由传统的利用目录、文摘、索引等工具对纸质文献进行一般特征的描述,发展到了利用数据库、信息库、搜索引擎等工具对数字资源的知识单元和信息单元的描述。

分类法是典型的树型结构体系,流行的网络浏览工具和主题树都是建立在等级结构上的,《杜威十进分类法》和《国际十进分类法》等分类法已经被用来构建主题树。分类法的语义关系网络与超文本网络有相似之处,应用于超文本系统,可起到指南作用,对用户的检索过程和检索范围进行控制,为不同专业知识水平用户提供查询信息的捷径。

分类法的聚类功能为馆藏数字资源组织提供了一条可行的途径,主要应用于网络浏览工具。分类法将所有信息资源按某种事先确定的体系结构组织信息,用户通过逐层浏览选择信息,具有严密的系统性和良好的可扩充性,在建立专业性信息资源体系时显出结构清晰和使用方便的优点。

5.1.4　数字资源的主题组织

主题法是进行传统信息组织的另一种主要工具。在网络环境下数字资源组织主要使用关键词,通常来自自然语言即作者原来使用的语言,其中包括关键词、自由词和出现在文献题名、摘要或正文中的语词,经过规范处理后直接作为文献主题标识,并按字顺排列组织与揭示信息,结合参照体系和其他方法来间接地显示概念间的关系,提供从事物名称检索文献途径。

主题语言揭示信息直接、客观,同时弥补了分类法在检索特定事物、特定主题方面的不足。主题法最大的优点是利用词汇关系链来获取领域知识以提高检索效率,尤其是关键词检索在组织数字资源过程中能够发挥十分显著的作用。

主题法组织数字资源能够提供可浏览等级,方便用户通过浏览检索来确定不清晰的信息需求,调整检索策略,从而避免用户由于不熟悉专业检索知识而无从入手的情况。

主题法可用于信息资源的字顺主题组织,目前各类数据库中机构和事物名称或个人信息几乎都采用主题字顺组织方式建设查询系统。此外,创建主题树指引库不仅便于把某一或某些相关主题的节点进行集中,按主题标识组织,而且也便于指引用户查询所需信息资源。在馆藏数字资源开发项目中,用关键词法与叙词法相互结合的形式组织与揭示网络信息资源有利于用户利用自然语言组织文献,也有利于对数字资源特别是网络资源的准确描述与科学组织。

5.1.5　数字资源的语义组织

数字资源丰富且类型多样,信息技术的迅猛发展使信息资源的组织逐步趋于智能化。利用计算机模拟人脑的推理、学习、思考及规划等思维功能,对这些资源从概念类型和语义关系角度进行有序化组织和管理,是在新技术环境下对资源知识内容进行描述和揭示的新发展。语义组织是以知识为对象研究知识的获取、知识的表示方法以及知识的推理等,它的基本建构程序包括知识的获取、知识的组织、知识推理、数据库配置以及解释单元等。其中,推理表示概念之间、概念和个体实例之间的关联。通过语义分析找出知识关系之间的逻辑特点,从而确定知识间的逻辑关系,构建基于知识体系的语义网络。

语义网的建设与应用,促生了数字资源的语义描述、关联数据的发布、基于概念关系的信息组织,使数字图书馆从以文献单元、元数据元素为基础的信息组织,发展到以语义网为基础的知识组织,实现从文献信息描述向知识内容描述转变。语义技术的发展使大规模数据的语义聚类和语义挖掘、可视化导航与展示等成为数字图书馆技术发展的有效手段。

知识组织基于数据集成和信息集成,是对信息的优化,侧重于概念和关系(本体),是数字资源组织的高级阶段,是数据组织、信息组织发展的必然。它不仅能够实现数字图书馆异构系统局部资源的功能优化,而且可使数字图书馆众多的资源集合成一张巨大的知识网络,使馆藏数字资源开发与管理重要目标——面向用户的知识检索与知识服务成为可能。

科学的、合理的信息资源组织方法的应用将会给用户带来切实的帮助,有效改善用户的应用体验,使用户获取信息更加便捷,信息检索与查询也更加方便、快捷、高效,同时科学的信息组织方法也将促进图书馆工作的开展。

5.2 数字资源整合与揭示

数字资源整合是图书情报界一个较新的研究课题,它的研究起始于 20 世纪 90 年代后期,是随着数字资源的剧增和用户对数字资源的利用提出新要求的环境下提出来的,近年来逐步成为研究的热点。图书馆数字资源整合是以知识为中心,最终实现知识服务。即以数字图书馆发展为依托、明确用户的目标、分析用户的知识需求、获取用户反馈信息的一种以专业知识为基础的服务过程。

5.2.1 数字资源整合的概念

"整合"可以理解为由两个或两个以上事物、现象、过程、属性、关系、信息、能量等在符合一定条件、要求的前提下,融合、聚合或重组成一个较大整体的发展过程及其结果。"整合"的实质就在于涵盖了整合后系统内部的功能和各要素之间的关系①。

数字资源整合(Digital Resource Integration)是馆藏数字资源开发乃至整个数字图书馆建设中非常重要的环节,是将数字资源为中心内容的各种数据通过中间技术处理,整合为一体,统一在一个平台上,为用户提供一站式服务,以提高资源利用效率。李希明等人认为:所谓数字资源整合,是指依据一定的需要和要求,通过中间技术(指数字资源无缝链接整合软件系统),把不同来源和不同通信协议的信息完全融合,使不同类型、不同格式的数字资源实现无缝链接。通过整合的数字资源系统,具有集成检索功能,是一种跨平台、跨数据库、跨内容的新型数字资源体系②。他们认为,数字资源整合目的是提升信息之间的关联度,解决信息孤岛问题。数字资源整合也是通过技术合力,将复杂转变为简单,将数据线性一元转变为网络多元的过程,对于用户而言,使用经过有效整合的资源,查全率与查准率获得共生增长。

馆藏数字资源开发中,资源整合应考虑运用各种技术、方法和手段对图书馆所拥有的众多数字资源进行系统化和优化,最终实现将所有数字资源透明地、无缝地集成为统一的、可用性强的资源系统。如何将分布在不同地方、各种不同载体、不同类型的数字资源,进行合理的收集、组织并提供有效的利用,发挥其应有的效益,是当前图书馆一项重要的任务和值得研究的课题。

---

① 马文峰. 数字资源整合研究[J]. 中国图书馆学报,2002,28(4):64—67.

② 李希明等. 从信息孤岛的形成谈数字资源整合的作用[J]. 图书馆论坛,2003,23(6):121—122.

5.2.2　数字资源整合的意义

（1）消除信息孤岛，缩小数字鸿沟，扩大知识共享

不论是信息孤岛，还是数字鸿沟，其实质都是数字资源的问题。从数字图书馆的总体建设来看，大多数数字图书馆正处于信息服务的初级阶段，数字信息资源内容分散，重复建设的现象时有发生。但应该说明的是，尽管已经发现了在数字资源早期建设中存在的各种问题，但将这些资源全部按照现在的标准和技术进行重建显然是不可能的，也没有必要以推倒重来的方式进行纠错，考虑适当的策略和手段在原有的基础上进行改进是目前大多数图书馆的选择，值得研究和探索。一个主要思路是：对馆藏数字资源进行基于知识链的信息整合，把那些高度分散、利用效率不高的数字资源通过知识链进行无缝链接，使之形成新的整体并产生新的功能，以达到提高数字资源整体的应用和实现知识服务的目的。由此可见，整合数字资源是消除信息孤岛和数字鸿沟，实现信息资源共享的主要途径和关键措施。

（2）有利于营造人文环境，开展个性化的知识服务

信息是知识的原料，是没有深层次加工、整理的材料，而知识来源于信息，是信息经过分析、加工、整理后的结果，也是人类实践、经验和智慧的总结，也就是说，知识资源是对信息资源的提升和深层次加工。毫无疑问，经过有效整合后的数字资源的知识关联度会更高，用户能够通过一个新型的数字资源体系功能发现和获取所需资源的内容或其他相关课题的知识，大大提高检索速度，有效地满足用户的个性化知识需要的随意性。从图书馆的角度而言，整合是图书馆对馆藏资源深化梳理的过程，对本馆的馆藏资源建设和用户服务模式都将产生重要的影响。随着知识经济的推进，知识服务越来越重要并受到人们的重视，因此，加强馆藏数字资源的整合对实现从信息服务到知识服务的转变具有十分重要的意义。

（3）促进资源共享，增强资源的覆盖度、专业度及知识度

通过数字资源的有效整合，可以最大限度地实现资源共享，减少

中间环节,缩短信息传递与反馈的速度,提高使用效率。同时,经过整合后的数字资源具有三大优势:一是知识覆盖面广。整合后的数字资源因来自不同学科的数据库,因此能提供系统的学科知识。二是专业性强。因数字资源是根据学科、专业来整合,所以具有较强的专业性。三是知识含量高。在整合过程中,由于剔除了大量重复、无用的信息垃圾,因而净化了资源环境。

5.2.3　数字资源整合原则

图书馆数字资源整合不是对传统图书馆资源建设的否定,而是充分考虑图书馆现有资源配置和管理的情况,同时考虑数字资源开发与未来发展的需求。

(1)科学性原则

科学性原则包含两层含义:一方面数字资源整合涉及资金、科研、管理等诸多因素,这些因素是保障数字资源开发功能和效果的前提,必须从财力、物力和智力上给予数字资源整合工作大力支持,进行科学合理的设计与实施,共同保障整合功能的实现;另一方面从数字资源学科建设角度来说,要保持开发资源对象学科的科学性和完整性,整合后的资源系统应包括各子系统内容功能,反映各学科知识的内在关系,而不能随意拼凑。

(2)整体性原则

馆藏数字资源整合是一项系统工程,需要综合考虑全馆乃至更大相关范围的各类型文献资源及相关服务的整体情况,进行统一规划、统一布局和统一管理,主观能动地发挥图书馆的整体效益。有效调动所有参与者的积极性,不仅实现文献资源或知识内容的整合,也实现图书馆人员、设备等方面的管理整合,把图书馆内各种资源作为整体来考虑,实施资源建设、维护和应用并重的方针,建立有利于共享和可持续发展的数字资源开发与整合系统。

(3)层次性原则

馆藏数字资源整合活动发生在建立信息资源整合系统和为用户

服务的过程之中,以满足用户服务为最终目标。馆藏数字资源本身和图书馆用户需求也表现出不同的层次性,因此而需要整合不同知识层次的信息;同时由于用户的浏览和检索需求可能是多方面的,为满足不同的用户需求,需要能够实现数据的多维整合;从检索操作的角度,即提供简单检索、复合检索和专家检索这样多层次的检索界面来满足不同层次用户的检索要求。因此,无论采取何种整合方法,馆藏数字资源整合的结构性和层次性都表现得十分明显。

(4)规范性原则

馆藏数字资源整合模式的确立要遵循统一的标准规范,特别是数据格式、数据库建设规则和数据加工处理技术等都必须要遵守相应的标准规范。馆藏数字资源整合模式的最终实现,也要建立和依赖于规范性的管理和服务,如对用户使用整合资源的权限管理等,此外,还要建立评价标准以保证整合系统的有序运行。

(5)优化性原则

尽管在馆藏数字资源开发过程中对数字资源的整合需要经过统筹规划,是有计划性的开展整合,但并不意味着图书馆能够一步到位完成整合,在实际整合以及资源服务过程中,需要对整合方案与模式不断进行优化和改进。整合优化是指图书馆运用一定的技术手段和方法,经过一定步骤完成馆藏数字资源的合理组合,取得馆藏资源的最佳使用效果。也就是说将原本并不是紧密关联的数据有机地联系在一起,通过组织、运行和校正,从中发现隐藏在其中的信息和知识,使用户获得满意的查全率和查准率。

(6)动态性原则

动态性原则是指整个整合系统要能够根据数据动态的变化和用户的需求而及时做出改变的状况。满足动态性的系统应该是个开放性的系统,它能够满足把各种类型的数据、不同格式的数据整合到系统中,并能够及时增加动态变化的数据。同时,在检索方面,该系统也应该能够适应用户不断变化的应用要求,实现动态性的推荐服务。

(7)用户参与原则

一个数字资源整合模式的建立与完善仅仅通过技术手段是不够的,重要的是要有人的参与,特别是作为使用用户的直接参与,这将更有助于整合模式的完善与发展,也有助于实现整合资源的知识共享。用户参与可以通过多种方式参与图书馆数字资源的整合,比较常见而简便易行的一种参与方式是用户在使用整合系统进行浏览和检索过程中,及时将使用中遇到的问题向图书馆进行反馈。

(8)针对性原则

针对性原则是指图书馆根据馆藏数字资源整合的具体目标,有针对性地选择数字资源,并选择适合的整合工具和整合方法。针对性原则还体现在服务与整合方面,即根据用户的特定需求来组织与整合数字资源,使整合后的数字资源体系既符合馆藏数字资源开发与管理的总目标,又能够满足用户的个性化服务需求。当然,这种个性化服务的实现还要求实现系统功能的扩充,如提供个性化的信息推送服务等。

(9)适度性原则

所谓适度性就是指在确定馆藏数字资源开发与整合目标是图书馆不能盲目追求整合系统的"广、大、多",而是要根据图书馆现有的服务对象需求、资源基础、技术条件、资金能力以及合作发展情况,对数字资源进行适度的整合,使整合的广度与深度都能够与本馆当前和未来一定时期内的发展状况相匹配。

(10)安全性原则

在当前的网络环境下,计算机病毒、黑客、软件炸弹、信息垃圾、存储设备故障等各方面的问题给馆藏数字资源的集成与整合带来了极大的安全威胁。应采取必要的安全保障措施来保证数据存储和使用过程的安全,保证系统运行不受干扰。

5.2.4 数字资源整合的层次与方式

根据知识组织理论,数字资源整合并不能简单地理解为"库集合"

或"库链接"，也就是说不是简单的"物理整合"，而应致力于实现一种"化学整合"，即它不仅可能打破原有资源的体系结构进行横向或纵向的重组，而且有可能再进行去重、归并等，形成新的有机整体。

从馆藏数字资源整合形式来看，主要包括以下三种：①门户整合。即将众多独立应用的信息资源门户调整成一个统一的进出门户。图书馆使用这种整合方法的一个主要应用就是建立基于 OPAC（图书馆联机目录）资源系统的整合平台，它的实现是通过执行 Z39.50 协议，聚合不同平台上的异构 OPAC 数据库，建立书目整合检索系统。用户只要通过一个 OPAC 系统界面即可检索到相关图书馆的馆藏。进行门户整合的最大优点是通过一个统一的检索界面即可了解其他馆藏的信息，但由于这种整合方式是多个馆藏信息的简单相加，用户需要进一步了解信息时，还必须逐一点击各个馆藏记录，进行有针对性的选择和查重处理。②数据库整合。即将物理上分散的异构数据库通过运算或者协议进行无缝链接，在逻辑上形成一个新的有机整体。与门户整合相比，这种整合方式不再是简单的数据库集合或数据库相加，而是剔除多个相关数据库内的重复信息，并按照学科、主题等一定的逻辑关系进行组织后所形成的一种新的虚拟性数字资源体系。数据库整合提供给用户的不单是统一的查询界面，而且还有高质量的有序化信息。③系统整合。是基于图书馆应用系统的一种资源整合方式，其目的是通过对应用系统和数字资源进行分解和重组，使其在组织结构和表达方式等各个方面趋于一致，构建一个统一的数字资源管理平台，贯穿数字资源加工、组织、整合以及发布服务全流程，以实现系统间数字资源整合和共享的目的。

应当注意的是，在任何一个图书馆开展数字资源建设的过程中，上述三种整合方式单独进行的可能性很低。原因在于门户与数据库以及图书馆系统之间存在着密不可分的关系，作为一个整体，对其中任何一项进行整合时，必须要考虑对其他两项的影响。总之，无论采取以上哪一种整合方式或者兼而行之，都必须兼容数据不同的组织结构和表达方式，让不同系统的数字资源在同一个平台上通过。

根据整合资源对象及过程的不同，可以将数字资源整合方式分为以下 5 种：

（1）基于 OPAC 系统的资源整合

OPAC 系统是图书馆众多资源中建设历史最悠久、标准化程度较高的一种资源，被读者利用频率也相对较高，如果能把 OPAC 系统与图书馆更多的资源和服务进行整合，无疑将会极大提高图书馆现有数字资源的利用率，很多图书馆在开展资源整合时都首先考虑对 OPAC 系统的应用。

根据整合对象的不同，可将基于 OPAC 系统的资源整合分为馆外资源整合与馆内资源整合。馆外资源整合的实质是实现本馆与不同的异构 OPAC 数据库的整合，当前较多地采用 Z39.50 协议来完成，基本方法是通过执行 Z39.50 标准，将所要整合的图书馆的书目数据库先映像为本馆专用模型，再根据本馆要求建立统一的检索接口，这也就是上文所说的"门户整合"的一种方式。馆内资源整合是指实现 OPAC 中传统文献的书目信息与数字资源的整合，基本方法主要是在 MARC 记录里增加 856 字段，即"电子资源地址与存取"字段，记录数字资源的存取地址和存取方式，包括核心资源整合与相关资源整合。核心资源整合主要是指将 OPAC 系统书目信息与其全文电子图书、全文电子期刊或视听资料进行对应链接，相关资源整合主要是指 OPAC 系统书目信息与其评论信息、来源信息做对应链接，使用户在检索到书目信息后，不但能够立即阅读全文，还能浏览与之相关的评论、音频、视频等资料。通过这种方式能够实现馆藏传统文献资源与相对应的数字资源的有效连接，将馆藏"实体资源"与"虚拟资源"融为一体，基于 OPAC 系统的一站式检索，使数据库中呈离散状态的数字资源按照书目数据库的组织方式进行呈现和利用。但同时，图书馆也要认识到，如果传统文献资源和数字资源内容相关较低，联系的内容层级比较深或者关联方式比较隐蔽，采用这种方式进行整合的效果就要大打折扣了。

（2）基于导航系统的数字资源整合

数字资源导航系统是指将数字资源的发现入口整合在一起,建立数字资源导航库,提供按照数字资源名称、关键词、资源标识等多种途径获取数字资源。数字资源导航系统的主要功能是帮助图书馆用户更加全面地梳理和揭示数字资源,提供用户浏览或按一定的特征进行检索的功能,并提供该资源的检索入口。从不同的维度出发,馆藏数字资源可划分为不同的类型,图书馆可以考虑在每个维度上分别建立相应的数字资源导航系统,例如目前在图书馆较为常见的电子期刊导航系统、数据库导航系统等。

为了使数字资源导航系统建设能够实现预期的功能,必须首先确定图书馆要揭示的数字资源内容,其详细程度决定了数字资源导航系统的功能设计。每种类型的数字资源要揭示的内容是不同的,如电子期刊导航系统要揭示的内容包括刊名、关键词、学科分类、语种分类、出版商、ISBN、该刊的 URL、出版商的 URL 等相关信息,而视频资源的揭示内容可能要包括视频文件加工等级、时长等。数字资源导航系统一般都具备 3 个基本功能:字顺浏览功能、分类浏览功能、关键词检索功能。不论对于何种类型的数字资源,这 3 个功能都能够帮助用户迅速找到所需资源,并利用超文本链接提供资源获取入口。

数字资源导航系统主要是利用网络超文本链接特性,通过资源的有关知识点链接,将有关的数字资源链接在一起,形成一个具有内在联系的有机整体,以便用户更方便地利用数字资源。目前链接整合主要通过封闭式静态链接系统、开放式静态链接系统和开放式动态链接系统 3 种方式来实现,其中又以开放式动态链接系统为最佳。所谓动态链接系统就是在用户需要链接时根据一定规则计算链接路径并进行链接,因此可对用户链接前刚出现的链接对象或位置予以链接,也可在链接计算规则中嵌入选择规则实现选择性链接,图书馆常用的方法包括 Open URL、SFX、Cross Ref/DOI 等。以目前在图书馆界普通应用的 SFX 系统为例,它可以提供两种服务,一种是链向电子版全文的服务,一种是链向图书馆 OPAC 相关书目信息的服务,同时它还可以为远程用户提供文献传递的服务。SFX系统能使各类复杂的数据和信息之间的关联转化成简单的链接,还能实现从文摘到文摘、全文到全文的链接,使所有的数字资源形成完全融合的整体。SFX系统不仅可以整合图书馆的数字资源,还能将图书馆的一些资源相关的扩展服务如馆藏查询、馆际互借、文献传递等服务进行整合。

(3)基于跨库检索系统的数字资源整合

数字资源环境是一个由众多分布、异构和自主的资源系统组成的开放的环境。大部分数字资源系统都是异构的,从技术角度看主要表现在以下几个方面:数据模型的异构、数据结构不同、系统控制方式不同、计算机平台的异构、通信协议不同、操作系统的异构等。从用户的角度看,这些异构的检索系统往往都有各自的检索界面和检索方式、检索式构造规则、检索算符、检索字段、数据记录传输格式、数据结构和检索协议等。

不同数据库的检索界面和检索方式,检索式构造规则、检索算符、检索字段等都不尽相同,这给用户进行统一资源检索造成很大的困难。如果能在同一个检索平台实现多数据库同时检索,即跨库整合检索,将方便用户进行统一查询,大大提高用户获取信息资源的效率。跨库整合检索从两个层次实现了数字资源整合。第一层次是检索界面的整合。检索界面整合是基于许多数字资源检索界面存在一定的相似性,如它们的检索途径和显示格式都具备,只是它们页面的显示字符不尽相同,将这些相似性形成统一的参数据表,构成统一的检索界面,共享多个数据库的索引技术和检索技术。第二层次是实现数字资源系统间的分布式异构整合检索,达到内容层面的深度整合。

检索界面整合是指在统一用户查询界面与信息反馈的形式下,共享多个网络资源的索引技术和检索技术,为用户提供的信息服务。整合后的检索界面没有形成自身的资源数据库,它仅仅是建立一个代理检索界面来接受用户的检索查询请求,并将这些查询请求转换成相应数字资源系统的检索方法和查询语言,实际上是在相应数据库内进行检索,而将各个资源系统返回的检索结果进行排序和整合,最终显示在统一用户查询界面。具体说来,检索界面整合的常见模式是构建中间层,当用户提出检索请求后,其请求被交给服务器端的一个 Agent 程序。Agent 程序将用户请求转化为符合不同数据库规定的检索格式,再将请求发送到各数据库。在得到数据库的返回结果后,Agent 应该将不同数据库的结果转化为统一的格式,并发送到浏览器端显示给用户。

(4)基于网络采集资源的整合

图书馆对网络信息资源的采集,是指在庞大的因特网信息群中根据某一学科或某一领域的要求,搜集相关信息,然后将这些信息加以组织供用户浏览或查询。网络信息资源的整合主要采用分类法和专题法结合。分类法即按照体系分类法的原理,在网络信息资源中,根据某种事先确定的概念体系结构,分门别类地逐层加以组织,用户通过浏览的方式逐层加以筛选,直到找到所需要的信息线索,进而通过信息线索找到相应的网络信息资源。专题法是根据预先设定的专题,有针对性地采集和组织网络信息资源,提供检索窗口,进行多元检索,用户只要在输入信息的相关词,即可找到所需信息线索。

一方面,图书馆可利用网络信息资源的优势,开发具有权威性、使用性、可靠性并具有地方特色的数据库,同时,还可以根据学科建设的需要,建立一些学科专题数据库,将有关网络信息资源汇集起来,以方便用户以尽可能短的时间获取尽可能多的有价值信息。

另一方面,由于因特网是依靠域名进行管理的,并为其提供静态的 IP 地址,IP 地址和 URL(域名)是由因特网的网络信息中心配置以标识一个唯一的实体,即网址,这就为管理网络信息资源提供了条件。利用一些优秀的搜索引擎,把分散的网址集中起来,按照一定的分类原则,有针对性地对已开发的网络信息资源分类并进行专业标识,再把分类后的网址按照排序的方法呈现、规范化,然后提供给用户,使其可以迅速查找相关数据,了解网络信息资源的分布等。

(5)面向知识管理的数字资源整合

进入 21 世纪,知识经济成为占主导的经济管理模式。知识经济环境下的知识管理是人类知识总量迅速扩张和性质产生飞跃的表现,是知识文明和经济财富迅猛扩张的表现。知识已成为最有价值同时又是最难以获得的资源之一，同时也是体现组织的实力和保持组织可持续发展的动力。

在图书馆实现知识管理的诸多手段中，内容管理、发展数字资源、提供多方位的信息服务过程是其中比较容易实施的方法。对于数字资源，图书馆不能仅仅简单加以综合汇总就投入使用，而是必须充分挖掘各类数字资源及用户身上的信息和知识，促进馆藏数字资源的开发和知识传播、共享、利用以及创新。

与传统资源组织与整合相比，数字资源整合更加注重新型知识组织体系在知识整合中的应用。面对具有多样性、复杂性特征的数字资源，传统的知识组织工具显得力不从心，由此促进了对新型知识组织体系的研究和应用。人们意识到，传统知识组织和网络时代的知识组织有共通之处，都是对人类知识结构进行表达和有组织的阐述的语义工具，但后者并不是前者的简单重复或改良，而是螺旋式上升的质的飞跃。目前，对本体、主题图、概念图、词网等概念关联类知识组织体系的研究成为新的焦点，包括新型知识组织体系和传统知识组织体系间的集成与互补、新型知识组织体系间的内在联系和功能整合等。基于知识管理的数字资源整合方法应构建一个适用的数字资源整合框架，将有助于图书馆等机构进行数字资源的开发与建设，并最终实现图书馆从传统文献服务到知识服务的转变。

图书馆面向知识管理的资源整合是一个动态发展的过程，信息资源从最初的数字化过程开始，逐步考虑不同用户的知识需求，建立面向知识服务的知识仓库，最终实现图书馆的知识服务功能。一站式检索仅是图书馆进行知识管理的基本手段之一，除此之外，图书馆还可以以多种智能的方式主动向用户提供知识信息，并追踪用户需求的变化以及用户端知识，据此调整本馆知识服务策略，这是一种理想的资源整合模式。

随着知识管理研究的深入和发展，知识地图也逐渐为大家所认识，基于知识地图的资源整合概念也发展起来。目前在企业界已经有知识地图的成功应用,图书馆也在逐步尝试性地开展一些研究和实验工作。根据知识地图的构建原理,图书馆在获取有关知识后,首先应将有关知识分解成知识单元,然后将基本知识单元进行关联,最后才形成可用的知识地图。图书馆利用数字资源地图能够自动将各学科的知识单元进行关联,而图形化的连接方式则能够帮助普通用户快速实现知识检索的拓展和关联。

5.2.5 资源整合案例分析

案例一:基于 OPAC 系统的文津搜索系统

国家图书馆文津搜索系统基于该馆 OPAC 系统而建立,旨在为用户提供全新的搜索体验,帮助用户在海量的资源中快速地发现并获取有用信息。文津搜索系统汇聚了海量文献信息资源,目前包含近 2 亿条元数据,包括图书、古籍、论文、期刊报纸、多媒体、缩微文献、文档、词条等文献类型,覆盖全国图书馆的资源。文津搜索系统实现了快速检索的目标,并将检索结果聚类,通过多种途径的分类和排序方式进行过滤、聚合与导引,方便用户快速定位所需信息。用户不必在各种媒体资源的多个系统中分别检索就能得到相关的结果。文津搜索系统也提供了若干知识管理功能,同时支持在线阅读和分享功能,用户可以根据个人拥有的使用权限,获得更多的信息。

案例二:外购数据库整合

国家图书馆数字资源门户针对外购数据库的情况,利用 SFX 技术,通过 METALIB 系统实现了跨数据库、跨平台数字资源的有效整合。国家图书馆数字资源门户是利用数字图书馆技术开展远程服务的重要手段,它有机地整合了国家图书馆收藏的多文种、多学科、多载体的印刷型和数字化的信息资源,包括中外文数据库、中外文电子期刊以及民国期刊、博硕士论文等特色资源,面向社会公众提供方便快捷的一站式检索和信息获取服务,实现了面向用户资源检索服务的最大化,并根据用户权限分层提供全文服务,使用户足不出户就可轻松查找国家图书馆的馆藏数字资源。

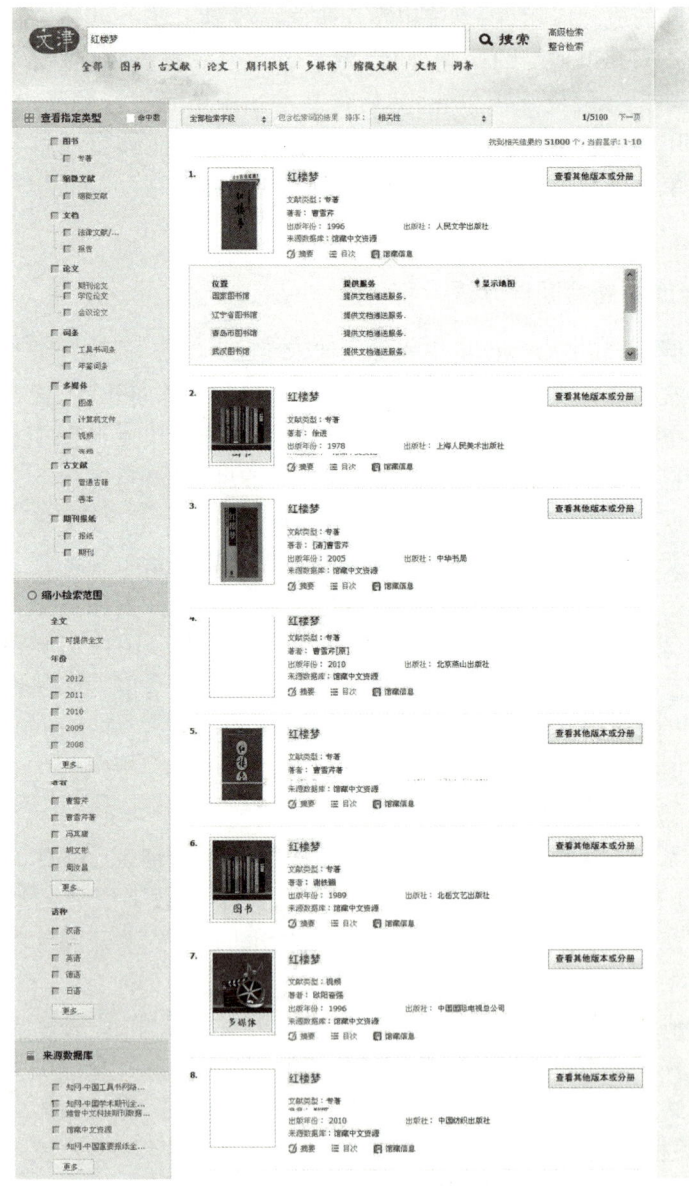

案例三:多检索平台的整合

国家图书馆开发馆藏特色资源构建了多个特色资源数据库,整合后的数字资源统一检索服务平台可提供全方位的检索方式,不仅支持布尔检索、相关度检索、全文检索,还支持多种检索运算符以及组合检索(检索表达式中混用全文和字段模式)、位置检索、英文词根检索,从而方便用户精确定位信息。统一检索服务平台还应该提供可扩展的词典和知识库,能够为专业用户提供个性化的信息检索服务。

革命历史文献联合目录
读者门户
电子图书
民国专栏
博士论文
古籍特藏
音视频
中国学
革命历史文献
海外资源
进入资源库
为加强革命历史文献保护和利用工作，充分发挥其社会教育作用，国家图书馆联合全国各省、市图书馆，推出“革命历史文献联合目录”系统。
题名：
责任者：
出版者：
主题词：
出版地：
模糊检索
检索
浏览

音视频资源库
特色资源
读者门户
电子图书
民国专栏
博士论文
古籍特藏
音视频
中国学
革命历史文献
海外资源
进入资源库
为加强革命历史文献保护和利用工作，充分发挥其社会教育作用，国家图书馆联合全国各省、市图书馆，推出“革命历史文献联合目录”系统。
题名：
责任者：
出版者：
主题词：
曲目：
模糊检索
检索
浏览

读者门户
电子图书
民国专栏
博士论文
古籍特藏
音视频
中国学
革命历史文献
海外资源
题名：
出版地：
出版者：
出版时间：
索取号：
责任者：
模糊检索
检索
浏览
地方志文献为我国所特有，也是国家图书馆独具特色的馆藏之一，所存文献数量与品质极高。采用数字图书馆方式，整理、加工、编纂清代（含清代）以前的方志资源，将有利于保存、传播、研究、开发中华特色文化，推动数字资源建设。
9474 人阅读
4342 人阅读
4099 人阅读
4030 人阅读
汪大渊
2860 人阅读
2079 人阅读

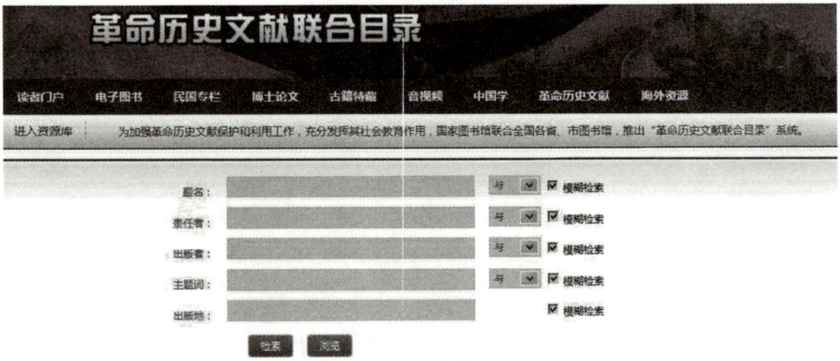

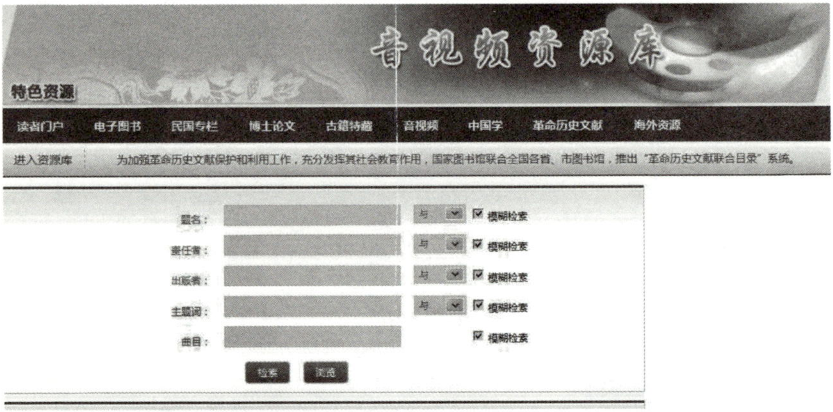

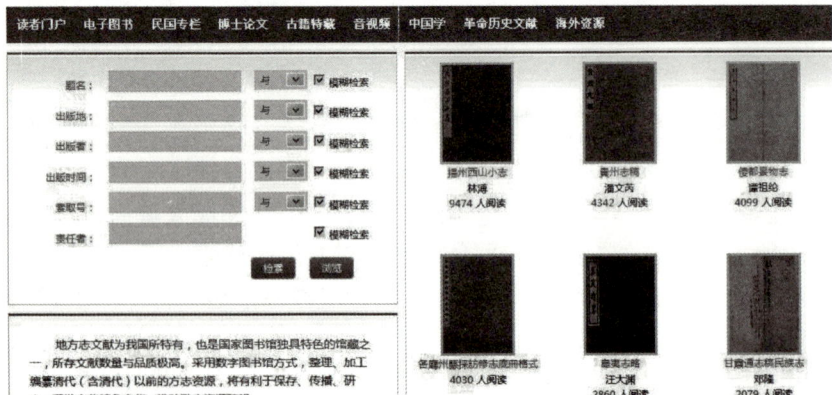

案例四:网络资源整合

中国政府公开信息整合服务平台是国家图书馆联合公共图书馆共同建设的政府信息服务平台,为社会公众提供政府信息获取服务。该平台通过全面采集并整合我国各级政府公开信息,构建了一个方便、快捷的政府公开信息整合服务门户,使用户能够一站式发现并获取政府公开信息资源及相关服务。该平台的终极目标是联合全国省、市、区、县各级公共图书馆采用分层建设、共建共享的模式完成政府信

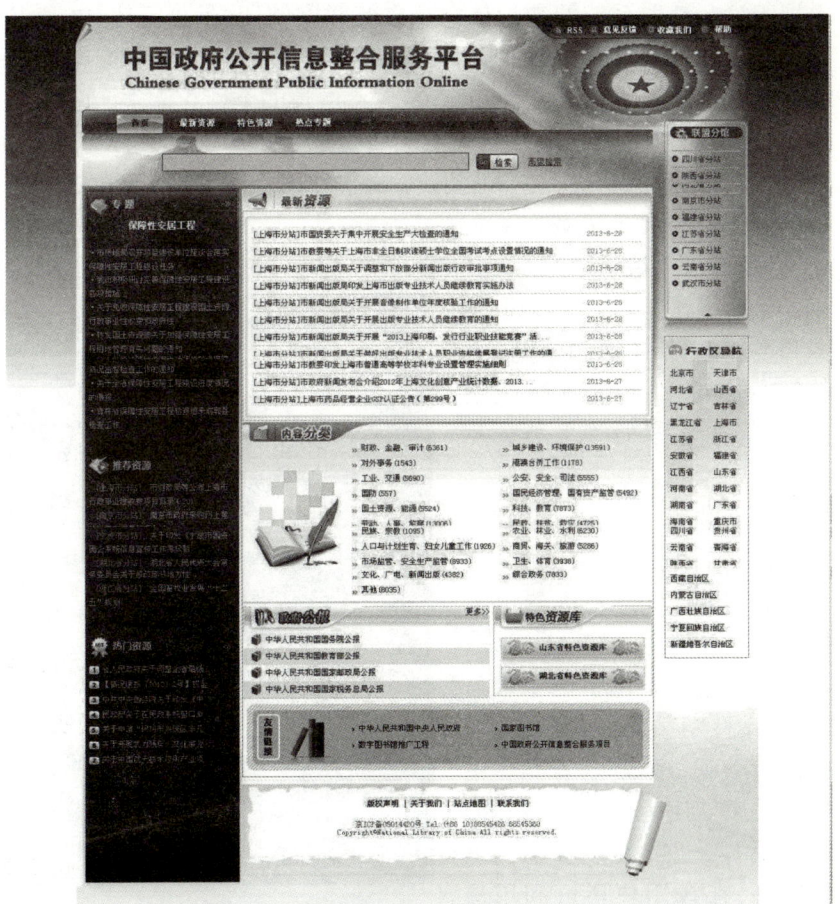

息的整合与服务,由国家图书馆整合中央级的政府信息,省、市、区、县图书馆整合本行政区的政府信息,通过合作共建实现公共图书馆在政府公开信息整合开发方面的统筹协调发展,以实现对各级政府信息资源的收集、整理、保存、开发、利用并服务于公众。

5.2.6 资源揭示案例分析

在新媒体技术迅速发展的今天,越来越多的人热衷于通过网络、电视等途径获取系统的知识信息。在互联网阅读、手机阅读、电子书阅读以及网络书店低价销售带来的多重冲击之下,图书馆不断拓展新的资源揭示渠道与方法,以满足读者日益增长的个性化需求。随着新媒体技术的发展,可供大众阅读数字资源的平台越来越多样化,除了现有个人计算机、手机、电子书阅读器外,电视、手表、冰箱等在未来也都有可能成为大众阅读平台。

案例一:手持阅读器

手持阅读器采用电子纸技术和电子墨水技术,利用超大的容量空间和灵活的格式变换,汇集电子图书等多种数字资源。国家图书馆在其数字共享空间提供手持阅读器(或用户自带手持电子书阅读器)外借服务,这些手持阅读器可支持 CEB、EBA、EBA2.0、PDF、TXT 等格式电子图书的下载与阅读,支持图文混排,可在图文中插播动画、短视频、音频。用户可使用借用的设备下载阅读电子图书资源平台上提供的电子图书,在线用户还可利用该

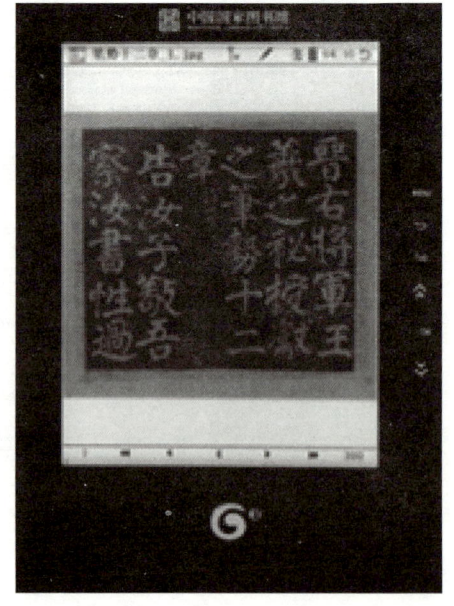

馆网站外借其采购的电子图书。

案例二:移动阅读

为整合移动服务资源,国
家图书馆专门建设了手机门
户,也称作"掌上国图"(http://
wap. nlc. gov. cn),是国家图书
馆移动服务的重要形式之一,
其功能主要包括读者服务、在
线服务、读者指南、文津图书
奖、新闻公告、资源检索等栏
目。手机门户不仅可以提供用
户注册、图书预约、续借、在借
信息查询等功能,同时提供书
刊推荐、讲座预告等信息类栏
目导航,提供在线讲座、在线展
览、在线阅读等在线服务,还提
供 OPAC 检索和特色资源检索
服务,使读者可以随时利用图
书馆的图书、期刊、论文、音视
频资源、图片等资源。

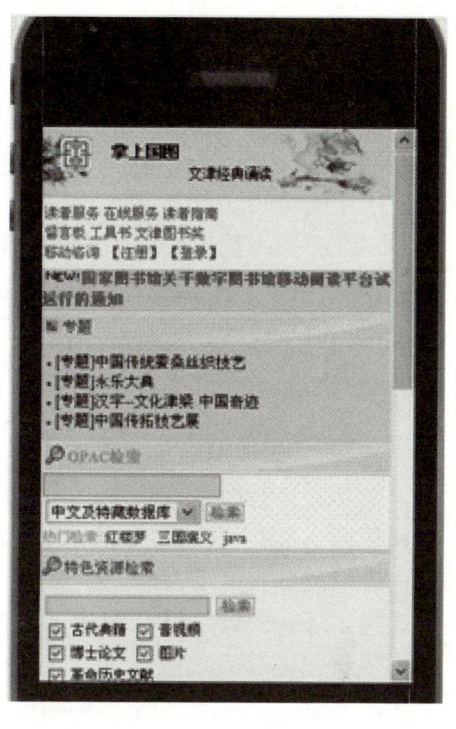

(1)图书。"掌上国图"自建公有领域图书 6700 多本,包含古籍、
英文著作、百科、小说、笑话、寓言等种类,并自建 EPUB 图书 1800 多
本供广大读者阅读。公版图书在国家图书馆手机门户"特色资源"部
分或者"在线服务"的"在线阅读"部分可以阅读全文,也可在"国图选
粹"APP 的经典阅读栏目阅读。

(2)期刊。"掌上国图"引入龙源期刊、博看期刊、手机知网等知
名期刊资源,共包含期刊 8000 多种、会议论文 140 余万篇、报纸 1000
多万篇、工具书 4800 余种。读者可以在国家图书馆手机门户的"在线
阅读"部分阅读,期刊可利用手机终端进行全文下载。

（3）学位论文。"掌上国图"共发布博士论文摘要近19万篇、硕士论文摘要近150万篇。博士论文摘要可在国家图书馆手机门户"特色资源""在线阅读"栏目查询，或者在"手机知网"学位论文数据库查看。

（4）音视频。"掌上国图"共建设讲座资源674场、电视短片500余部，总时长达到1200多小时，手机版视频采用3种视频码流，供不同规格手机访问。音视频资源可在"特色资源"中音视频讲座部分查看，或者在"国图选粹"APP"文化视听"栏目查看。

（5）图片。"掌上国图"共建设图片资源3万多张，种类丰富，并利用图片资源建设APP应用2个（年画撷英、艰难与辉煌）、图片专题资源近100个。主要在国图手机门户"特色资源"图片部分展示，专题资源主要在"国图选粹"APP的"图文专题"栏目展示。

案例三：触摸屏展示

数字资源触摸体验系统是一种新型的人机交互设备，用户无须键盘和鼠标，只需手指轻触液晶显示屏的图形、文字或按钮，便可实现数字资源的浏览与互动，其方便、快捷、人性化的设计受到了图书馆用户的欢迎，在图书馆界得到日益广泛的应用。国家图书馆从2008年开始提供触摸体验系统服务，依托国家图书馆的馆藏资源和各项服务，为用户提供了内容丰富的资源展示，包含了馆藏资源、电子报刊、在线讲座、在线展览、服务介绍、文津图书奖及中国政府公开信息整合服务平台等丰富的内容，其中馆藏资源重点推出古籍珍品、民国书刊、名人手稿、年画、老照片等内容。通过触摸体验系统访问国家图书馆馆藏资源，既实现了对馆藏珍品的保护，也实现了文明的传承，方便用户使用。为了更好地满足用户对馆藏数字资源的需求，自系统推出以来，国家图书馆一直致力于系统资源的更新和升级，为用户查阅馆藏资源提供了新途径。

　　电子报刊是触摸体验系统内更新速度最快的资源之一。通过触摸体验系统查阅电子报刊,读者可以方便快捷地了解国内外的时事动态。电子报纸每天九点之前可以完成当天大部分报纸的更新,电子期刊每月十五日左右进行更新。读者通过点击、滑动等简单操作,便可实现电子报刊的选择、放大、缩小、翻页、拖动、查看往期电子报刊等操作。

　　国家图书馆牵头建设的中国政府公开信息整合服务平台也实现了从个人计算机终端到触摸体验系统终端的转换应用。该平台整合了各级政府网站的政府公开信息,通过网络采集、处理,建立专题数据库,分成政府信息、政府公报、政府机构三部分对政府公开信息进行展示,使读者通过触摸屏能够方便查询和获取政府公开信息。

　　针对少儿读者对资源的阅读需求,国家图书馆少年儿童馆的触摸体验系统为少儿读者定制了不同的资源。系统内集成了报刊、年画、连环画、国图瑰宝、少儿游戏、优秀图书及少儿原创作品等内容,其中连环画包含了《鸡毛信》《花木兰》《昭君出塞》《郑成功》《梁山伯与祝

英台》《赤壁大战》等 300 种连环画,在电子期刊涵盖适合学前、小学、中学读者阅读的不同期刊,如《东方娃娃》《儿童画报》《金色少年》《课外生活》等。

案例四:数字电视服务

国家图书馆作为综合性研究型图书馆和国家总书库,开发建设了丰富的数字化资源以及多媒体资源,海量的信息储备为实现数字化新媒体服务提供了有力保障。本着服务大众、惠及全民的原则,针对不同文化层次、年龄阶段的使用群体,国家图书馆与北京歌华有线电视网络公司合作,以国家图书馆馆藏为基础,将资源内容加以整合分类,把适合数字电视发布的资源和服务通过北京地区的有线电视网络推送到近 300 万数字电视家庭中。针对不同年龄段与文化层次的收视群体规划了"国图讲座""国图展览""电视阅读""国图精华"等特色栏目。数字电视服务主要播送面向大众的资源,包括百年国图、文津讲坛、书刊推荐、馆藏精品、经典相册、图说百科、少儿读物等内容。观众也可以通过交互式门户获得更多个性化的服务内容。

（1）文津讲坛。"文津讲坛"是国家图书馆的自有品牌，在业界拥有很高知名度，讲坛开办至今已经举办各类讲座 400 余场，涉及历史、宗教、航天等多个学科，邀请众多国内知名学者作为客座讲师。该栏目选择普遍感兴趣的主题，通过数字电视完整播放。国家图书馆还逐步在视频中插入相关知识点，用户在观看视频节目的同时，可以了解一些名词、背景资料、人物情况等信息，并计划同时做成在线问答，形成动态交互，交互的信息由服务器自动收集。

 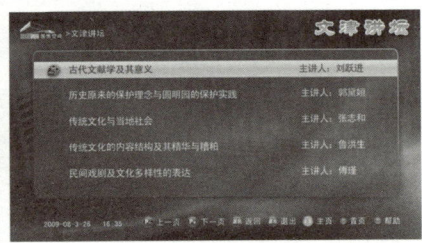

（2）馆藏精品。"馆藏精品"栏目展示了国家图书馆特色资源库中的甲骨、年画、碑帖等镇馆之宝，这也是国家图书馆为世界数字图书馆项目提供的内容。该栏目的表现形式为图片加少量文字，每种馆藏都将其中的知识点提炼出来做了重点说明，观众可以从中学习古代典籍中的精粹。该栏目后期还将考虑加入动画展示效果以适应老年人和少儿的使用习惯，制作精良的图片可以作为学校教师展示历史文献的手段。

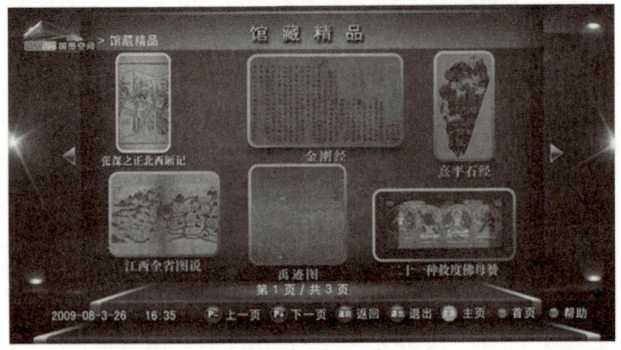

（3）图说百科。"图说百科"栏目依托每年在国家图书馆举办的众多展览，观众足不出户就可以看到图书馆展览的内容，同时每期选择一个意义明确的主题重点推介。

（4）书刊推荐。"书刊推荐"栏目内容从国家图书馆网站的"网上读书"中选取，表现形式为书封图片加少量书籍简介文字，供观众茶余饭后随意浏览，了解上市新书及精品杂志的基本信息和简要介绍。

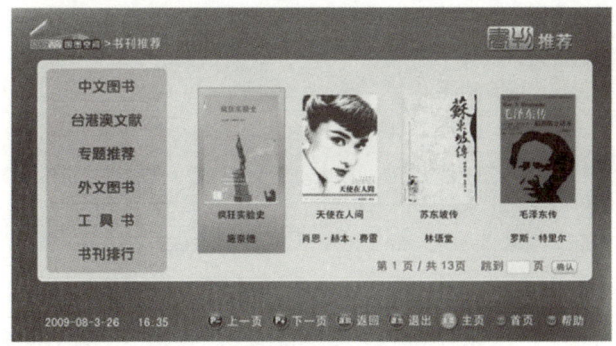

（5）文化播报。"文化播报"主要提供文化动态、京城讲座、展览信息和演出资讯。作为资讯类栏目信息每周更新2次，提供观众文化信息查询的一站式服务。

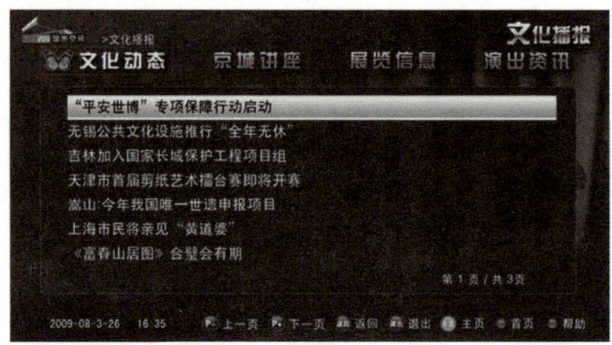

（6）百年国图。"百年国图"是 2009 年国家图书馆建馆 100 周年纪念时特别制作的馆庆题材专栏，宣传国家图书馆的历史和文化，介绍国家图书馆文献及其渊源。该栏目包括视频节目和展览，以国家图书馆馆史和馆藏为主线，让世界了解国家图书馆，向世人揭开国宝的面纱。

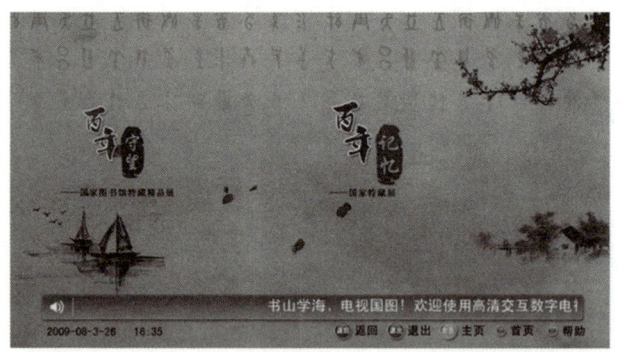

（7）经典流觞。"经典流觞"栏目包括馆藏故事、文明与创造、少儿读物三部分内容，采用电视上最常用的视频形式，从不同角度展现中国文化的精髓，为少儿提供蒙学、科普知识，寓教于乐，服务更多受众。

(8)经典相册。"经典相册"栏目以国家图书馆收藏的老照片资源为基础,前期推出反映北京历史的珍贵老照片,在电视荧屏上动态展示老照片图景和一些拍摄说明,向观众揭示一段历史,宣讲一段文化。

(9)图书收藏。"图书收藏"栏目以灵活的形式对我国图书收藏历史进行详细梳理,以期丰富观众图书收藏方面的知识。

（10）书画鉴赏。"书画鉴赏"栏目为观众呈现历代书画作品中的精品资源及其鉴赏知识，为观众陶冶情操、提高艺术素养提供素材。

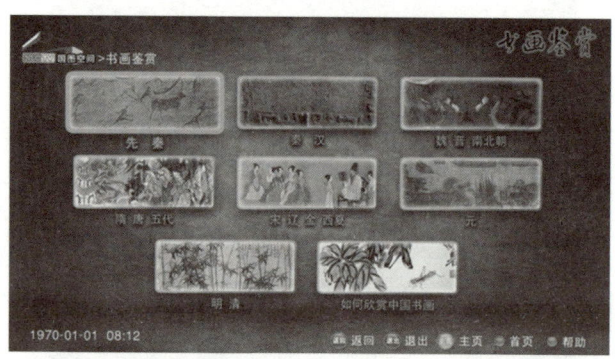

（11）华夏遗珍。"华夏遗珍"栏目是将我国绵延数千年的古代历史中出现过的许多种类、材质各异、工艺精美的手工制品，分门别类地展示与介绍。

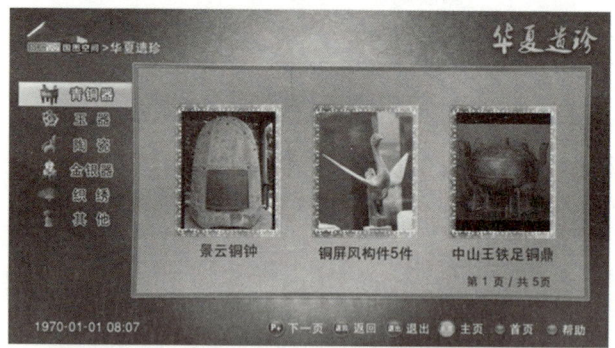

（12）中华世遗。"中华世遗"栏目旨在为观众介绍我国的自然、文化遗产以及非物质文化遗产，是为数字电视服务专门建设的数字资源，同时也通过国家图书馆网站进行揭示。

（13）名城名镇。"名城名镇"栏目从我国数量众多的名城名镇中挑选出一批最具代表性的城镇展示。

（14）文保探幽。"文保探幽"栏目展示至今保存完好的我国古建筑、石窟寺及石刻、古遗址、古墓葬及近现代史迹中精选的一批最具代表性与观赏性的古迹。

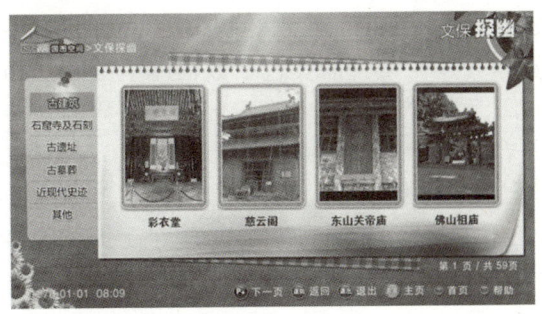

（15）书刊预约。"书刊预约"栏目提供国家图书馆的书刊预约与续借功能，通过机顶盒绑定读者卡的方式，实现数字电视与图书馆借阅系统的挂接，为世界首创。

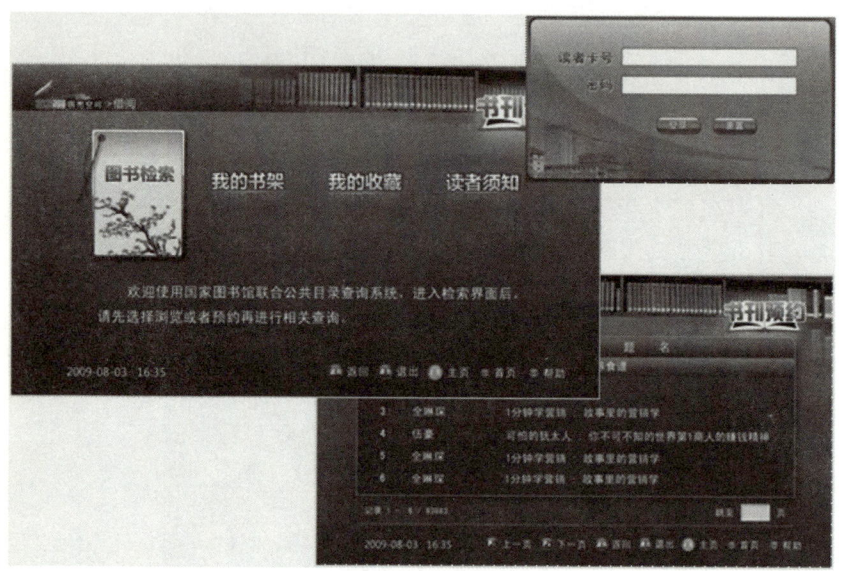

5.2.7　数字资源整合的未来发展

1. 合作化发展

数字资源整合的过程涉及多个信息实体，不同信息实体之间的协调与合作是数字资源整合得以实现的基础。对于图书馆而言，完整而深入的数字资源开发与整合需要包括数据库生产商、图书情报部门、信息技术服务商、政府管理部门等在内的社会各界的支持与合作。从事数字资源整合的各个主体之间应该注重技术、方法和经验的交流，寻求共同发展的契机。同时，在整合资源类型和范围的选择上进行充分的协商，避免重复浪费，实现优势互补，追求更大范围内的信息资源整体环境的有序化。

2. 标准化建设

数字资源整合与标准规范的关系非常密切。整合的基本要求是各个不同的信息系统之间能够实现互操作,如果遵循共同的标准规范,互操作实现起来就相对容易,标准化能为深层次数字资源整合的发展扫清障碍,必然是未来发展的一个重要方向。

3. 多元化发展

在数字资源整合范围与规模不断扩大的背景下,随着更多新兴技术的出现,数字资源整合可选择的技术和方法会呈现多元化发展的趋势。目前的数字资源整合主要以提供检索服务为主,随着信息资源整合技术的日益成熟和不断完善,检索服务以外的多种知识信息服务也将在提供范围之内。信息资源类型的多元化使用户需求从单纯的文本信息向交互式的多媒体信息发展,对图片、音频、视频等类型资源的整合将逐渐增加。

4. 个性化发展

目前构建的数字资源整合系统的侧重点主要集中在数字资源的集成与整合方面,而用户需求方面的差异性和个性化往往被忽视。但馆藏数字资源的服务中,对用户需求的满足程度恰好是反映资源整合效果的重要指标,因此,面向个性化用户需求而构建的数字资源整合系统在未来应引起图书馆界的重视。

5. 知识整合

知识服务也是图书馆信息资源整合的目的。以知识资源为基础的人类知识整合的大环境,是人类知识的一个宏观网络,本体是语义网构建的核心和基础,各个领域本体的构建对于语义网的实现至关重要。而基于本体的资源整合是数字资源整合的高级阶段,所以数字资源整合一个重要的应用与研究发展趋势就是融入语义网大环境,使用户或虚拟角色有效地获取、整理、发布、理解、共享和管理知识资源,并为用户提供所需要的知识服务,辅助实现知识创新、协同工作、问题解决和决策支持。

6 馆藏数字资源开发项目的运行与管理

6.1 项目的组织方式

馆藏数字资源开发项目涉及众多行为主体,根据开发项目的不同属性以及各个图书馆的现实情况,开发项目可以采用本单位自主开展、合作建设、业务外包等多种组织方式。

6.1.1 本单位自主开展

本单位自主开展数字化,主要形式是由本单位职工利用本单位的设备来进行馆藏数字资源开发工作,并对数字资源进行处理、存储与归档管理。这种组织方式要求本单位至少具备三方面的基础条件:①购买或租借运行馆藏数字资源开发与管理全流程工作所需的一切设备。②拥有专业技术人员进行数字化加工、资源组织与整合系统设计与维护,设计保存系统以及解决网络与资源传输等问题。③人员培训。本单位内部的人员,包括具有计算机一般专业技能的人员,都需要进行培训,以掌握馆藏数字资源开发与管理的基本技能。

由本单位自主开展馆藏数字资源开发与管理工作,从长远来看是有益的,特别是通过数字资源开发与管理工作,培养与锻炼一批专业人才队伍,不仅可以服务于当前的开发项目,也可成为今后本单位开展其他建设项目的重要基础,还可以与其他机构共享技能与经验,为本单位今后的工作带来新的活力。但也必须注意自主建设对于图书馆的人员、经费、设备以及资源要求较高,图书馆应做好自主开发的可行性研究,并妥善处理成本控制问题,严格控制开发建设过程中的时间进度、经费使用以及产品质量检验,确保开发目标的顺利实现。

6.1.2 合作建设

合作建设数字资源是指本馆与国内外相关机构通过一定形式联合起来,共同进行数字资源建设工作。合作建设可以促进资源共建共享,避免重复建设,节约开发成本,实现多方共赢。由于合作建设项目涉及多家不同的机构主体,各主体之间的管理机制、业务流程、标准规范等可能差异较大,如何在这种情况下求同存异,统一各家机构的合作意愿,达成共同开发建设的目标,科学地进行项目评估,并克服在开发建设过程中因机构不同而带来的沟通协调障碍是合作建设必须重点解决的问题。一般情况下,同一个系统之间的合作建设相对较为便于开展,例如,CALIS 项目在高校图书馆系统合作建设,数字图书馆推广工程则在公共图书馆系统中大力推动馆藏数字资源联合共建。

6.1.3 业务外包

业务外包是指一个单位通过签订合同把整个项目或项目的一部分分包给专门从事这种工作的其他单位(通常是商业公司)来完成,很多图书馆的数字资源加工常采用业务外包的模式。

数字资源开发与建设外包通常由专业的系统集成企业提供专门的开发与建设解决方案并进行施工,特别是资源的数字化加工方面,很多图书馆都已经建立了成熟的业务外包模式,委托外包单位完成采集数字图像并将它们处理到储存介质上。外包服务也包括一些相关的建议,如数字化加工和生产策略、颜色校正、元数据的管理、组织与整合策略等。采用业务外包的模式运行馆藏数字资源开发建设可为图书馆带来效益:①图书馆避免购买昂贵的设备。图书馆数字资源建设方面长期以来就存在资金不足的问题,业务外包可使资金不充裕的图书馆把有限的经费应用在解决数字资源建设中必须解决的重要问题,这对于经费不多的中小型图书馆尤为重要。②补充本馆欠缺或不擅长的专业技能与经验,特别是有实力的大型外包单位可能具备比图书馆更丰富的建设经验,使图书馆在建设过程中少走弯路。③使图书馆可以将更多精力集中在馆藏数字资源开发的前期准备工作与后期管理工作,以保证开发项目的效益与质量。④使本馆能够在短期内高效完成数字资源开发与建设任务。外包单位拥有专业化的设备、大规模流水线,专业技术人员也比较完备,在约定条件下能够快速开展开发工作,缩短了自主数字资源建设前期准备工作所需要的时间。⑤通过外包服务合同可以严格控制与把关数字资源成品的质量。只要合同中严格规定了数字资源建设的质量要求,承包者就必须履行合同,在后期管理中,只要本馆执行严格的质量检查与监督方案,就能够保证数字资源开发建设的高质量完成。

当然,业务外包方式也存在一定的风险,主要表现在:①图书馆可能失去开展这方面工作的技术基础。长期采用外包的模式,在一定程度上使本单位不得不依靠外界的服务,无法使本单位职工得到锻炼与提高。如果图书馆不加以针对性的计划与管理,使人员长期缺乏相关的知识与技能,最终会失去对承包商的控制与监督能力,如无法判断承包商在某项花费上是否合理、难以制定切实可行的合同、无法评价承包方的技术与产品质量等,合同费用也存在不合理增长的可能。②在业务外包中,图书馆重要的敏感资料、机密信息、珍贵文献有可能丢失、失真或损坏,即使合同中约定相应的惩罚措施,但给图书馆带来的损失却是无法挽回的。为保证业务外包顺利进行,减少各类风险,图书馆必须经过充分论证,拟定严格的、周密的合同条款以保护本单位利益,同时,图书馆也必须安排专人直接参与业务外包的管理,以减少和控制风险的发生。

6.1.4 综合方式

综合方式是指本馆与外包单位以协作方式,整合内部力量与外部资源,共同开展数字资源开发与管理工作。一般有以下几种形式:

(1)由图书馆人员来完成数字对象加工工作,但是引入外包单位把数字图像处理到存储载体上,并进行磁盘备份等来达到归档和存取的目的。采用这种形式能够减少图书馆与数字化加工相关的某些具体工作,内部人员充足、具备数字化方面专业技术人员、需要加工珍贵文献或敏感资源的图书馆,可以考虑采用这种方式。

（2）外包单位服务人员与图书馆内部人员在同一场地共同完成数字资源开发工作,共同承担各个环节的建设工作。通过这种模式的合作,双方人员能够加强技术与经验的互补,在实践中提高建设人员的专业水平,有利于保证数字资源建设进度和成品资源质量,同时有利于图书馆监督数字资源建设质量。

（3）由外包单位承担文献数字化的全部工作,由图书馆对完成加工的数字化资源进行组织、整合,完成资源开发的后期处理工作。这种方式适用于非珍贵资源、非敏感资源开发建设,以及图书馆对于资源知识内容整合要求比较高的开发项目。

综合方式虽然也引入了部分业务外包,但图书馆直接参与的程度更高,这种模式比单一的自主建设或者外包具有明显的优势,图书馆可以根据本馆的优势集中精力发展核心业务,不断提高开发建设和服务水平。图书馆的核心业务是为用户提供优质的信息服务,基础是建设和优化本馆的信息资源,创建合理的用户服务模式,采用自主建设与业务外包相结合的模式,图书馆可以专注于核心业务的发展,把主要精力放在项目的前期准备、过程监督以及后期管理工作上,确保馆藏资源开发的成本与质量,进而提高服务质量,从而使自己在信息服务方面获得更多的竞争优势。另一方面,图书馆的专业技术人员参与项目的整个过程,他们熟悉项目的每一部分,可以方便地进行系统维护,系统运行过程中遇到的问题也较容易解决,可以减少对外包开发商的依赖程度,有效控制与防范风险。在极特殊的情况下,遇到外包服务商倒闭或其持续服务能力降低时,图书馆仍然可以确保系统的正常运行。

6.2　项目运行与管理

馆藏数字资源开发建设项目的结果如何与项目管理有很大关系，只有建立一套良好的管理方法，项目的实施才不会出现这样那样的问题，从而能达到预期的目的，对于图书馆而言，以下几方面应纳入决策及管理：

6.2.1　流程管理

馆藏数字资源开发建设项目的整体生命周期一般包括规划、申报、审批、立项、招标、加工、质量控制、数据验收、项目验收、发布、保存、结项。

数字资源开发项目的设立基本流程包括资源规划、项目申报、项目审批、制订加工方案、制定加工规范、项目立项、签订项目任务书、招标、签订加工合同。

1. 数字资源建设规划

中长期数字资源建设规划根据馆藏文献资源建设发展战略和用户服务策略，对国家图书馆一定时期内的数字资源发展方向、建设目标、建设策略、重点建设内容等进行规划。年度数字资源建设规划根据中长期数字资源建设规划制定，主要包括建设策略、建设项目、建设内容、建设方式、建设经费等。数字资源建设工作依据各部门职责，结合数字资源建设年度规划，分部门分环节落实执行。

2. 项目立项

数字资源建设部门需根据业务发展需求，提交申报计划书。申报计划书须包括项目可行性分析、建设内容、建设方式、项目经费等内容。

3. 项目实施

获得批准的建设项目由数字资源建设部门根据项目任务书要求

完成全部项目建设。项目为年度新增项目或建设内容发生较大变化的延续项目,项目承担部门须根据项目任务书要求向业务主管部门提交项目实施方案,实施方案须包括项目目标、业务需求、项目进度等内容。项目实施涉及资源采选和征集的,项目承担部门负责组织相关领域专家对资源遴选进行论证,报馆文献资源建设委员会审议。项目实施涉及文献使用的,文献保存部门负责相关实体文献的提供,项目承担部门负责文献数字化加工过程中实体文献的出库和归还等管理工作。项目承担部门应督促项目加工单位做好实体文献的保护,避免出现馆藏文献丢失、损毁、破坏等现象。在项目实施阶段,实体文献和数据等交接均须办理交接手续,交接部门双方签字,留档备查。项目实施过程中,项目承担部门和加工单位须遵循相应的资源加工规范。如暂无适用的加工规范,项目承担部门应在项目实施前起草相应的加工规范,经业务主管部门审批通过后执行。项目承担部门和加工单位在任务完成后不得自行保存成品数据及加工过程中的中间数据。

4. 项目验收

项目完成后,项目承担部门须申请项目验收,提交项目自查报告。项目承担部门须确保建设项目成品数据的完整性和准确性,根据相关加工标准规范、合同相关条款和项目任务书中的质量要求,检验数据质量是否合格,自检数据质量合格后提交馆方验收。数字资源验收部门根据本馆数字资源相关验收管理规定对成品数据进行验收,及时向业务主管部门提交项目数据验收报告。

项目涉及数字资源版权使用的,应由版权管理部门进行版权验收,确保版权的合法来源及授权的真实性和完整性并规定项目成果所有权。

5. 项目结项

完成全部建设项目任务后,项目承担部门须向业务主管部门申请项目结项,结项申请须附数据验收部门提交的项目数据验收报告。数字资源发布部门须按照授权情况及时开通验收合格数字资源的访问服务,数字资源保存部门负责将符合保存规范的数字资源完整、安全地进行保存。

数字资源开发建设项目的设立须明确资源建设内容、资源建设数量、项目建设周期、项目经费及来源、项目实施部门、资源加工规范、加工单位、质检单位等。

6.2.2　人员管理

数字资源项目在实施过程中宜实行项目管理制。项目负责人全面负责项目从创建、加工到完成的整个流程。项目组成员协助项目负责人完成与项目有关的各项工作。

项目负责人的主要职责包括：制定项目计划，监督数字资源开发建设项目的进展，加强过程控制；负责实体文献的各项交接与管理；负责数据的总体检验、验收任务的分配、指导数据验收工作的实施、验收结果的统计、验收记录的撰写；负责项目各项数据的汇总与统计，确保各项数据的完整性与准确性；负责交接记录、验收记录等相关文档的管理，确保文档内容的准确性与完整性；完成成品数据向数据发布部门及数据保存部门的提交；完成项目结项验收报告及费用支付等。

项目组成员的主要职责包括：协助项目负责人，完成项目相关的各项工作；进行项目数据的验收，确保数据质量符合加工规范要求；协助进行项目进度的监督与控制；进行项目往来文档的管理和存档等。

馆藏数字资源开发常常需要专业技术人员投入一个全新的技术环境中，除非他们有从事过类似项目的经历及经验，否则专业技术培训是必不可少的。培训的内容要根据项目组成员的知识状况来定，其中主要是数字化技术和管理机制的掌握，如果缺乏这种培训，参与式外包就只是形式而已，必定达不到预期目的。

6.2.3　确定外包服务商

外包服务商的技术水平直接关系到数字资源开发建设项目的成败，图书馆在做出外包决策后，应找出擅长该业务的专业机构或商业公司,通过仔细调查、考察、分析、比较,最终挑选一家或几家机构作为外包合作对象。

6.2.4 合同的制定

在实践中,一些外包项目常由于双方责权不清而导致失败。因此在项目准备阶段,图书馆与外包单位应该签订一个详细的合同,阐明各自要求、目的与条件,以可操作方式明确双方的责、权、利,用合同保护图书馆的合法权益,同时应将质量要求与控制写入合同,一旦出现问题,便于追究责任。在合同起草时,应有数字技术专业人员和法律专家参与,之前一定要做充分调研,多借鉴国内外已成功的案例,使项目风险降到最低。

6.2.5 建立自己的项目计划

即使外包服务商已经制定了一套完整的开发计划、管理体系和项目管理的机制,图书馆也需要制定一个完整的项目计划,要详细地与外包服务商的计划进行比对,从而了解外包服务商对整个项目的流程、内容,估计的工作量和资源的安排是否与项目本身的要求吻合,明显的差异都需要及时澄清并达成共识。双方的主要负责人和技术骨干对项目计划草案进行讨论,并根据各方意见进行修订和完善,最终形成双方认可的项目计划。确认了外包商项目计划后才能正式地启动项目,开始对项目进行监控。

6.2.6 在系统中采用统一的标准

在进行馆藏数字资源开发项目之前,必须使外包服务商的分析、设计人员与本馆的参与人员建立统一的标准,将设计的各个项目及其子项目的定义、规则、意义进行详尽阐述,务必让双方的技术人员对整个项目的概况及具体实现细节有一个统一的、清楚的认识。这样系统实现时比较方便,日后图书馆的操作人员、技术人员、管理人员还可以方便地使用各种功能,快速地了解各种信息。

6.2.7　关注进度评估

馆藏数字资源开发项目在实施之前应会同相关单位共同进行项目进度规划,在项目进行过程中,严格遵守项目进度规划。如不能完成项目进度,应事先书面通知相关方,并经双方协商确认后进行变更。

采用业务外包方式和综合方式的开发项目,图书馆在拟订合同时必须明确规定外包服务商需要定期提供进度报告,明确说明已经完成了哪些部分的工作、是否按时完成、哪些还在进行中、下次报告期间会开展哪些工作,这些信息基本上能让图书馆了解项目的进展概况,但并不能让图书馆全面地把握项目的进度。因此,图书馆还必须掌握项目有哪些还没有完成、需要多久才能完成、哪些工作还没有开始、能否如期开始以及计划的资源有没有变动。如果这些实际进度跟原计划有差异,应该马上进行沟通,深入了解还没有完成的工作以及没能按计划开始的主要原因,从而与外包服务商探讨如何才能把项目纳入正轨。已经完成的工作,如果与项目目标偏差比较大,还需要进行及时校正。对尚未完成或者还没有开始的工作,图书馆需要特别加以监控。

6.2.8　及时与外包商沟通、交换意见

许多业务外包项目成果不尽如人意,究其原因常常是因为外包服务技术人员对设计意图的误解而产生的。因此,在进行项目管理时应该把沟通放在第一位,发现问题及时沟通。图书馆人员要及时将疑问进行汇总,由专人将收集的问题传达给外包服务商,双方应该及时交换意见。由沟通时的理解错误而导致返工、误工的情况在外包项目开发中比比皆是,因此必须注重对专业人员专业能力与沟通技能的培训。

6.2.9　注意验收的误区

外包项目的风险既存在于开发完成后,也存在于开发过程中。很

多外包项目往往在进行验收的过程中才发现问题,需要外包服务商进行大量修改而使项目延误。避免这类风险的办法就是项目的验收应该跟随项目的开发过程同时开始、同时进行、同时结束,而不是等待开发完成后,这样才能保证最后的验收过程顺利完成。

6.3 其他相关事宜

1. 重视先期规划

图书馆在进行馆藏数字资源开发项目立项之前,要先了解本馆的经费、馆藏规模、信息需求、文献特色、技术条件、信息政策等,根据实际情况进行科学合理的调研评估,制定出馆藏数字资源开发建设的优先次序,明确本馆馆藏数字资源开发建设的目标。

2. 注意知识产权问题

馆藏数字资源建设的最终目的是实现数字化文献信息的网络化,实现资源共享。网络传输作为一种新的传播方式,已经打破了原有传播格局,信息的传播、利用超越了时空的限制,但也为信息侵权带来广阔的空间,数字化产品侵权行为时有发生,因此在数字信息环境下,更应注意加强知识产权的保护力度和保护方式。

3. 数字信息的安全性

数字化信息与传统馆藏文献相比,具有明显的不稳定性,数字化信息的内容和位置易发生变化,信息的易逝性、易变性和可操作性极大地威胁着信息安全。因此,在数字资源建设过程中,要做到3个确保:第一,通过录入或扫描方式得到数字化信息的过程中,要确保文献原件的安全;第二,在处理和存储数字化信息时,要确保数字化信息的内容与文献原件相吻合;第三,确保有密级文献信息内容不泄密。确保数字资源的安全应与馆藏文献数字化同时并进。

4. 推行信息标准化

由于馆藏文献信息资源一般种类多、数量大,各种不同数据格式的识别以及不同的信息传输方式带来了许多兼容性问题,所以必须加强信息的组织与传递的标准化、规范化,不断提高共享信息的可利用率。考虑数字资源的存储格式、压缩算法、检索方法等,提倡按照统一的技术参数指标、统一的文本格式和统一的工作流程模式进行数字化。

5. 经济成本与效益评估

在馆藏数字资源开发方面,建设一定规模的馆藏文献全文数据库,以现有的技术条件而论,经济成本是相当高的,如果还要维持一个带有全文数据库的镜像站、网站之类,其管理、更新维护的成本更高。目前,这两类成本主要是依靠国家财政拨款的方式予以承担,但这种状况不可能长期维持。因此,必须要遵守效益性原则,讲究数字化工作的效益。

6. 数字内容的选择

由于技术、经费、知识产权问题以及避免重复等各方面的原因,对于不同类型的图书馆不同的馆藏数字资源开发项目,均应因地制宜,选择适合的内容。

结　语

当前,数字资源在信息创造、传播、利用过程中的重要作用日益凸显,已经成为文献信息机构建设和发展的主流信息资源,在国家文化、科研、教育等领域,数字资源逐步发展成为重要的基础性资源。在图书馆的发展历程中,始终能够保持对于信息技术环境和学术科研环境的协同发展,其作为文献信息服务和保存机构的职能得到不断扩展。近年来,图书馆积极参与文献信息资源生产过程,并且不断探索创新,在馆藏数字资源开发和管理方面取得了丰富的成果,积累了建设经验。但同时,不可否认,在图书馆文献信息资源建设发展的过程中也存在不容忽视的问题,馆藏数字资源开发和管理的未来发展仍然面临严峻挑战,要求图书馆充分认识和把握当前的发展环境态势,研究和判断馆藏数字资源开发与管理的发展趋势,积极作为,彰显图书馆价值。总的说来,在未来一定时期内,图书馆开展馆藏数字资源开发与管理活动应重视以下几个方面的发展趋势:

1. 突出馆藏资源内容特色

一直以来,馆藏特色资源都是图书馆进行数字资源开发的重点对象,在这一点上,图书馆界的认识取得了高度一致。之所以再次强调特色性,是由于从目前已经取得的开发成果来看,还存在两个方面的问题:一是一些图书馆对"特色资源"界定的范围较为宽泛,馆藏资源不具备真正的独特性,或者仅仅根据资源的载体形式来认定特色资源,从图书馆界建设整体来看,就会导致所谓"特色资源"同质化,无法充分达到特色资源开发的目的;二是图书馆对馆藏特色资源的挖掘深度不够,简单的汇编、组织使得资源的独特性并未获得充分的表达和揭示。随着信息环境和用户需求的不断变化,不但社会经济文化环境可能造就新的"特色"资源,而且用户对资源"特色"认识也会有所变化,图书馆需要对外界的环境、需求和本馆资源保持高度敏感,能够敏锐地发现新的价值增长点,继续深化馆藏资源内容挖掘,并且重视成果形式创新,增强开发活动的文化创意,从而有效开展开发和管理活动。

2.重视和发展版权开发活动

版权问题一度是图书馆制约数字资源建设和服务的瓶颈问题,但随着数字资源建设与服务深化发展,图书馆不但开始重视版权问题,并且探索并创新一系列版权解决模式,特别是商业性数字资源授权机制在图书馆范围内日臻成熟。随着版权意识的觉醒和版权解决经验的积累,图书馆在自建数字资源方面的版权处理能力也在逐步增强,从早期的盲目建设到当前根据版权情况有计划地开展建设和服务,图书馆逐步加强馆藏数字资源开发与管理的规范化程度。在未来的发展中,图书馆一方面要继续致力于处理好馆藏数字资源的版权问题,拓展版权授权渠道,创新版权解决方式,研发适用于图书馆的版权处理规范,使得图书馆能够在版权制度的有力支持下,发现和开发更多更好的优质数字资源,并且有效开展用户服务;另一方面,在馆藏数字资源开发与管理活动中,图书馆还应重视加强自有版权资源建设,打造高版权价值的数字资源和服务品牌,充分保护图书馆作为版权所有人的权利,有效结合法律手段、技术手段和管理手段开展版权建设与管理工作。

3.强化数字资源深度整合

就数量分析而言,目前图书馆数字资源可谓规模庞大、总量丰富,但按照资源的系统化建设和信息组织要求来衡量,则图书馆在整体上发展相对缓慢,严重影响了馆藏资源的服务利用。因此,在未来的馆藏资源开发活动中,图书馆除了要持续加大数字资源规模建设以外,还应着力加强信息的深度内容揭示和组织,探索先进的、适用于当前用户需求的知识组织技术和方法,针对分散分布的数字资源加强集成化整合开发,并利用新技术方法推进对馆藏数字资源的知识发现、知识挖掘和知识应用,彰显馆藏数字资源开发的知识价值,提升馆藏数字资源的服务能力和整体质量,从而更好地体现馆藏开发与管理活动的成效。

4. 推进联合开发与管理模式

实践证明,数字资源共建共享是图书馆资源保障体系建设的重要模式,在图书馆资源建设中取得了突出的实践成效。目前,数字资源共建共享保持了良好的发展势头,在未来这种模式也将继续发挥重要作用。随着图书馆发展环境和发展机制的变化,数字资源共建共享模式也将出现新的发展和演变。为此,图书馆应立足于本馆发展战略,推进和探索适用的联合开发模式,不但重视与图书馆等文献情报机构的合作,同时也要研究和探索与其他社会文化机构、商业机构等不同性质组织机构之间的跨界合作,打开思维,开阔视野,采用更为灵活、适用的建设方式和管理机制,在更广泛范围内开展联合开发与管理活动。

5. 加强馆藏数字资源管理工作

相对于馆藏数字资源开发而言,针对馆藏数字资源开展的管理活动同样具有重要意义,直接影响图书馆资源建设和服务的实现。在我国图书馆界的实践中,长期存在着"重开发、轻管理"的现象,一是项目开发管理机制不完善,缺乏明确的职责划分,开发流程安排不合理,开发进度控制较弱,开发方案调整的随意性较大,严重影响了数字资源开发活动的整体效果;二是项目成果管理不到位,很多图书馆在项目申请和项目开发阶段投入了大量精力,但在项目通过验收之后,对项目成果却疏于管理,不重视用户服务环节,甚至有些数字资源根本就没有发布服务,造成了资源的闲置与浪费。图书馆在进行馆藏数字资源开发活动时,应重视管理工作,根据本馆实际需求建立完善的管理机制,加强管理的规范化与标准化,通过强化管理来提升建设成效。

6. 加大资源服务的推广力度

图书馆建设了大量优质的数字资源,一些资源在图书馆范围内取得了良好的服务效果,但相对于图书馆的建设投入而言,在图书馆范围内的用户服务还远远不够。图书馆需要在更大范围内开展宣传推广,增加图书馆资源和服务的显示度,通过报纸、电视等传统媒体和微博、微信等新媒体宣传推广的方式,使更大范围内的用户认识和了解图书馆数字资源,扩大图书馆资源服务的辐射范围。此外,在充分体现馆藏数字资源开发活动社会效益的同时,根据开发活动的目标和机制,图书馆也可以考虑经济效益,在市场环境下检验图书馆建设成果,发挥图书馆资源开发价值。

参考文献

1. 李月明. 网络信息开发与利用[M]. 北京:国家图书馆出版社,2015.

2. 王红玲等. 网络环境下图书馆信息资源的整合开发[M]. 北京:北京图书馆出版社,2006.

3. 柯平等. 图书馆展览规划研究[M]. 北京:社会科学文献出版社,2014.

4. 魏大威. 数字图书馆理论与实务[M]. 北京:国家图书馆出版社,2012.

5. 王军,卜书庆. 网络环境下的知识组织规范和应用指南[M]. 北京:国家图书馆出版社,2012.

6. 郑巧英等. 国家图书馆管理元数据规范和应用指南[M]. 北京:国家图书馆出版社,2010.

7. 徐周亚,龙伟. 国家图书馆数字资源对象管理规范[M]. 北京:国家图书馆出版社,2013.

8. 孙坦等. 国家图书馆数字资源唯一标识符规范和应用指南[M]. 北京:国家图书馆出版社,2010.

9. 贺燕. 图书馆馆藏组织与管理研究[M]. 北京:国家图书馆出版社,2009.

10. 肖珑,赵亮. 中文元数据概论与实例[M]. 北京:北京图书馆出版社,2007.

11. 肖希明等. 公共图书馆文献资源建设法律保障研究[M]. 北京:国家图书馆出版社,2011.

12. 张建勇. 文献数据库数据加工规范[M]. 北京:知识产权出版社,2009.

13. 南爱峰. 我国图书馆民国文献开发研究进展探析[J]. 图书馆工作与研究,2016(5).

14. 陈鸣. 论图书馆信息开发的合理使用权限[J]. 图书情报工作,2015(S1).

15. 全勤. 南京图书馆民国文献保护与开发研究[J]. 国家图书馆学刊,2014(2).

16. 谷聪聪. 公共图书馆开发利用政府信息资源现状调查与分析[J]. 图书馆学研究,2013(19).

17. 刘建忠. 论馆藏珍贵文献资源的开发与利用[J]. 新世纪图书馆,2011(4).

18. 堵海燕等. 充分开发利用馆藏文献微探[J]. 图书情报工作,2010(S2).

19. 吴正荆等. 我国不同区域信息资源开发利用均衡状况分析[J]. 情报科学,2015(7).

20. 唐仲芝. 少数民族文献资源的开发与利用[J]. 图书馆学刊,2013(10).

21. 李倩. 网络原生数字资源开发的基本环节[J]. 图书馆,2012(1).

22. 王建冬. 公益性信息机构信息资源开发利用的模式创新研究[J]. 图书情报工作,2011(9).

23. 马海群,严雯. 数字图书馆信息资源开发利用的社会价值与制约因素分析[J]. 图书与情报,2009(1).

24. 吴钢. 信息资源开发利用政策实施机制探析[J]. 情报科学,2009(6).

25. 徐清等. 古籍数字化资源的深度开发[J]. 图书情报工作,2007(3).

26. 肖希明,黄连庆. 以需求为导向的数字信息资源开发[J]. 中国图书馆学报,2007(6).

27. 王萍等. 国内数字文化资源整合研究进展[J]. 图书情报工作,2016(12).

28. 唐义等. 我国公共数字文化资源整合模式构建研究[J]. 图书馆杂志,2016(7)

29. 穆向阳. 图书馆数字资源整合策略研究[J]. 图书馆学研究,2015(2).

30. 肖希明,李金芮. 国外公共数字文化资源整合模式及其借鉴[J]. 图书与情报,2015(1).

31. 吴迎春,王兵. 公共图书馆事业"十三五"规划的背景和重点内容探析[J]. 图书馆论坛,2017(1).

32. 马春. 基于 PEST 分析法的公共图书馆战略规划编制实践[J]. 图书馆杂志,2016(1).

33. 张秋,杨玲. 国外图书馆战略规划调研分析及其启示[J]. 图书情报工作,2016(9).

34. 柯平等. 图书馆"十三五"战略规划的科学制定与分类指导[J]. 情报资料工作,2015(3).

35. 柯平等. 战略管理工具在公共图书馆"十三五"规划中的应用[J]. 图书馆,2015(10).

36. 宿世明. 图书馆生存环境分析与发展方向研究[J]. 图书情报知识,2006(6).

37. 常娥. 网络原生数字资源管理问题探析[J]. 图书馆建设,2009(5).

38. 李晓明. 数字图书馆推广工程数字资源共建共享模式探析[J]. 国家图书馆学刊,2012(5).

39. 范亚芳,曹作华. 网络原生数字资源馆藏化建设模式研究[J]. 情报理论与实践,2012(11).

40. 钱鹏,郑建明. 数字馆藏建设的五个问题[J]. 图书馆杂志,2011(4).

41. 富平. 数字图书馆与数字资源建设[J]. 图书馆建设,2005(5).

42. 陈源蒸. 馆藏资源数字化与社会资源馆藏化的抉择[J]. 大学图书馆学报,2000(5).

43. Becky Albitz, Christine Avery, Diane Zabel. Rethinking collection development and management[M]. California: Libraries Unlimited,2014.

44. Maggie Fieldhouse, Audrey Marshall. Collection development in the digital age[M]. London: Facet Publishing,2012.

45. Paromita Biswas, Joe Marchesonil. Analyzing Digital Collections Entrances: What Gets Used and Why It Matters[J]. Information Technology & Libraries,2016(4).

46. George Machovec. Consortial E-Resource Licensing: Current Trends and Issues[J]. Journal of Library Administration,2015(1).

47. Bushra A. Jaswal. Digitization of Archival Collections by Libraries in Pakistan: Issues, Strategies, Challenges and Opportunities[J]. Pakistan Journal of Information Management & Libraries,2016 Special issue.

48. Bradley J. Daigle. The Digital Transformation of Special Collections[J]. Journal of Library Administration,2012(3 - 4).

49. Joan K. Lippincott. Beyond Coexistence: Finding Synergies Between Print Content and Digital Information[J]. Journal of Library Administration,2007(2).